越工作 越自由

Kindled

最大的探索，
最豐盛的人生

Emily Liu——著

自序——

點燃你的自由意志，打開思考的枷鎖

身為流行趨勢預測師，我最常被問的問題，除了流行之外，於公於私居然全都與工作相關。尤其在我第一本書《「最美五套」質感人生穿搭》出版後，大眾第一次聽聞居然有「流行趨勢預測」的相關行業，於是許許多多的讀者紛紛寫信提問，想知道如何成為流行趨勢預測師？有沒有固定的檢定考可以準備？大學需要主修什麼科系？我大學畢業第一份工作是什麼？要如何將工作銜接到預測師？要去哪裡找這樣的工作？……等等。

大家的假設是，無論從哪一個問題切入，任何答案應該都會是一個線頭，只要我回答了其中一個問題，拉著線頭就會有「喔～～原來是這樣啊～」恍然大悟的期待。

但，根據經驗這是不可能的，所以我全部都沒有回答。因為我如果回答了其中任何一個問題，只會引爆更多的問號，和要求更多的解釋，對方會陷入更大的困惑中。

不信的話，請看我回答這題：大學畢業的第一份工作為何？

我大學畢業後的第一份工作，是在日本半國營的公司，於大海中進行石油與天然氣的探勘，當時被日本公司雇用時，我是唯一的臺灣人，也是唯一的女性。

聽完，你的問號應該從只有一個變成一大籮筐，不僅沒有找到線頭，還打了很多個結，另外也冒出十個新的問題。

事實上，不只是這個工作，我一路以來所從事過的工作，可說是絕無僅有、沒有人走過的道路，充滿了獨特性。對我而言，從事一份工作，就像是主演一部電影。前一部電影，場景在大海中的探油船上，與全世界不同國籍的石油鑽探專家（清一色的男性），戴著工程帽進行危險的海上石油探勘，算是一部動作冒險片。下一部電影場景則是在巴黎進行高級訂製服品牌的籌備，在百年頂級手工坊下單，算是奢華時尚片。我工作所涉及的領域，有如南極與北極、黑夜與白天般的相異，我的世界極其廣大，而且都極其有趣。每當我換一個工作，就像是主演另一部電影，擁有完全不同的卡司、場景、主題，進入一個完全無法預設、無法想像的畫面。

因此對於工作，我永遠充滿期待，我認為工作是世界上最有趣的事。

其實，雖然有這麼多人詢問工作的事，但我認為並非每個人都想成為流行趨勢預測師，因為大家並不知道工作內容為何。這反映的是，對於充滿獨特性的工作，感到好奇與嚮往的心情，因為擁有這樣一份工作，能讓我們感覺不是被動、被迫地工作著，而是有著滿滿的存在感和自由意志。現今世代，許多人的工作願望就是希望擁有自由和自主性，因而開始斜槓，試試水溫，看能不能自由地做自己喜歡的事，或是努力攢錢達到財富自由，期待有一天可以不需要工作，得到完全的自由。

自由看來是工作者的普世願望，但大家所謂的自由到底是什麼呢？

在疫情期間，大家都有自由被限制的經驗。當時每一個人無不渴望疫情結束，盡早解封，因為有好多地方都不能去，好多事情都不能做，只能在家追劇。當自由被限制的時候，大家都切身感受到被壓迫，並迫切渴望自由。但，當自由沒有被限制的時候呢？疫情之後，大家真的有去那些想去的地方，做想做的事嗎？再說，那些沒有被限制的時間，很多人還是在家追劇。明明行為都一樣，但為什麼心情差這麼多，一個是自由，一個是不自由呢？

同樣的，工作上有許多要求和限制，譬如打卡、上班時間規範或各種目標要求等。因此大家被這些規範壓迫到了，一心只想要拿掉這些限制，甚至最好不要工作，從此再也沒有任何限制最好。但拿掉限制之後呢？你要做什麼？你說，自由就是怎樣都可以啊？當然也包括什麼都不做。

但在我的定義中，拿掉不喜歡的限制，不是真正的自由，那只是空白。**當把焦點放在拿掉限制為最終目的，會容易忽略內在其實對自由有更深層的渴望**，只是自己一時還無法言喻和釐清。這也解釋了，為什麼等到你解除限制、空白久了，會開始覺得無聊，沒有意義，於是覺得就算自由，也不知道要幹什麼——這才是最大癥結所在。即使有一天你財富自由，還是要面對一樣的空白問題。

因為，真正的自由，不是一張空白支票，而是點燃的意志——有積極的目標和追求。

甚至那些追求，應該是給你錢都不想交換的炙熱與渴望。

我認為工作上的自由，是每天醒來，所有你夢想達成的事，你的能力都可以支撐你做到，而且每一件事都是你出於自由意志想做的事，並且對你個人有著極其深遠的意義，讓你為此深深著迷。如果工作這麼有趣，怎麼會想要脫離呢？

這樣的工作狀態，不需要離職，不需要成為自由業，而是從此刻你就可以這樣工作著。那為什麼大部分的人，都無法達到這樣的工作狀態呢？因為從小到大，我們所受的教育和得到的資訊，只有教我們如何找到好的飯碗／職業，並沒有教我們如何自由且充滿意義地工作著。這也是我寫這本書的原因，希望能夠讓你看到，工作中的選項遠遠超過你的想像。

根據我的經驗，**在自由的工作中會有最好的飯碗，但最好的飯碗中難有自由的工作**。內在的人生意義與外在的工作要求，其實是可以兩者皆有。也就是說，當你在最自由的工作狀態，不但可以符合外界對你的期待，有最好的表現，同時也可以達到內在特殊且深層的滿足。

和你同樣身為臺灣教育體制下產物的我，究竟是在什麼樣的關鍵點，和你走了不一樣的路、做了不一樣的決定，讓我的工作選擇可以像哆啦Ａ夢的任意門般，自由地進入不同產業和場景呢？

之前的《「最美五套」質感人生穿搭》，我為你釐清了服裝對你的意義，設計了一套讓你可以與自己互動的行動，不僅能從中得到樂趣，還可以全面性提升自己。很高興我收到許許多多因「最美五套」而改變人生的讀者回應，你們蛻變的故事也深深感動了我，我希望還能給你們更多，於是在解放了大家的衣服之後，這次想要解放大家的工作。

對於工作的議題，其實我探索的時間比服裝領域還要久。十八歲那年夏天，一樁偶發事件讓我成為電視新聞頭條，從此意外開啟了我對工作的探索，而且至今沒有停止過，也因此讓我擁有了工作的任意門。檢視工作自由的議題時，我發現大眾對於工作的追求，容易被導向一個難以自由的方向，那也是我絕對不會跟隨的方向。而這些關鍵的思考差異，也正是阻礙大家在工作上擁有自由的原因。因此在書中，我幫大家重新校正對於工作的觀念，並設計了有趣的工作行動，讓即使還不理解未來方向的你，此刻就可以自信走在未來的方向中。這樣的原則，適用於任何性質以及任何位階的工作，甚至是非上班類型的工作。

做自己，不該是賭注，而是必須。每一個人都應該在工作中「做」自己，這個「做」含有建造的意思，做自己要有計畫且積極，還會充滿樂趣。我希望可以讓你藉由工作，更有得以自由的能力，而不是反被限制自由。

我認為人生許多困難的事情，若能從本質上取得根本性的解決，往往所有的衍生問題也都會一併消失。這一點《越工作越自由》與「最美五套」的精神是共通的——集中精神穿好五套衣服，勝過滿櫃子的衣服；工作上好好做一件事，勝過隨便做十件事。這本書就是要講述那「一件事」是什麼。其實衣服和工作，都是人生的線頭，從這裡開始梳理好，大半困擾與問題將不復存在，人生的所有面向，也都因此而開闊受益。

我衷心地期待，這本書能點燃你的自由意志，打開思考的枷鎖，你會發現眼前的工作從此不再一樣，未來也會因此改變。當每一個人都自由地工作著，內在與外在同等豐富，這個世界將會更接近我們希望的美好樣貌。

當我的故事說到最後一頁，我相信，屬於你的精彩故事才正要開始。

我會在書中迎接你。

目錄

CONTENTS

PART 1 自由是工作的心態，不是工作的型態

PART 2

擁有職涯的全貌，才不會陷入單點思考

PART 3

錯誤的路標，只能通往職業，但無法通往工作

PART 5

極大化的探索，極度豐富的人生

心智不是用來填滿的容器，
而是必須點燃的火焰。

—— 普魯塔克

The mind is not a vessel to be filled
but a fire to be kindled.

—— Plutarch

PART 1

自由是工作的心態
不是工作的型態

1-1

你能夠回答這個基本的工作問題嗎？

如果我問你：「你究竟為了什麼而工作？」

你會怎麼回答？「廢話，當然是為了錢，不然呢？」也許有人會這麼說。的確，無論在任何職位階級，無論是為了賺取薪水，或賺取企業的營收，工作都是為了獲利，公司本來就是營利事業。賺錢這檔事，雖然講起來俗氣，但卻是無可迴避的政治正確。沒有賺到錢，你我的工作大概都沒有存在的必要。

但，這不是我問你的問題。

如同我們每天的飲食，是維持生命的必須，若不吃不喝會活不下去，生命則無以維持。但每一個人，每一天吃什麼食物，卻各自有不同的選擇。有些人想藉食物達到身體的健康，於是選擇了有機的蔬食。有些人想藉食物了解一個國家的文化，於是選擇異國料理。有些人想要藉食物回憶，所以吃了很久沒吃的家鄉菜。

吃什麼都可以活下去，但當目的不同，當下選擇就會不同。

好，現在再重新問你，各種不同的工作選項，都會得到錢，但除了錢，你是為了什麼目的，做著現在的工作呢？（再說一次，不能回答錢。）

如果你有答案，很好；沒有的話也沒關係，因為這是一個非常簡單，又非常困難的問題。

我認為一件事情的目的和意義，若是非常模糊，那麼就算用最有效率的方式去執行，也是徒然。因為此時的效率，只是幫你很快地走到一個錯誤的地方。

我們每一個人，也許工作的內容不盡相同，但共通點是，一天二十四小時，除去晚上的睡眠，工作幾乎占去了我們白日大部分的時間。我們睡飽就上工，再帶著疲憊的身體回家，生命中最精華的部分，都獻給了這個工作選擇，也因此我們的工作，如果除了錢，對自己沒有特殊的目的，那生命自然也會失去了意義和價值。

這樣的生活，在夜深人靜時不免讓你思考著：「我要這樣下去嗎？」於是你自問自答：「再過一陣子好了。」轉而將眼光停留在可掌握的小確幸上。但這些輾轉在你腦中出現的隱約不安，其實是內在自我的求救訊號。若是你撇頭不理，漸漸地這些訊號也會越來越微弱。直到職涯的終點線，才發現「啊～工作最終就是為了這樣嗎？」但年華已去，沒有重新選擇的機會。

也因此，人生中，越重要的事情，更需要慎重思考對自己的意義何在。

我們花很多的時間衡量：要不要和這個人交往、要不要走進婚姻、要不要生小孩……但我認為工作遠比那些決定都來得更加重要。因為人一生花在工作上的時數，往往比與家人、戀人相處的時數還要更多，畢竟大部分的人，要等下班或假日，才能有家庭時間或談戀愛時間。

你說：「有啊，我的工作有好多目的，譬如達成這個月的業績、找到新客戶、執行專案計畫……」但這些是雇用你的人，要你達標的工作目的，屬於職務上的要求，是被動式的、是別人給你的目的。

我指的工作目的，是對你而言，在茫茫職海中，你唯獨選擇這個工作的原因，對個人的特殊目的及意義為何？

因為即使你和隔壁的同事，做著老闆交辦的同一個任務，但這工作對你們兩個人的內在意義，應該不會相同，因為每一個人都具有一個獨特的心智，甚至同一個人，在不同的人生階段，工作的目的性和意義也會改變。

也許你現在，對自己在工作上有什麼特殊目的，還模模糊糊，但沒關係，這本書就是為了一層層地，讓你找自己的工作目的性而寫。所以你不需要馬上有答案，因為即使你目前有答案，當看完這本書，也許目的和答案都會改變，因為你將會更清楚——工作對你獨特的人生意義了。

1-2

如何區分出「工作」和「職業」的意義與差別

你了解工作的意思嗎？雖然我們統稱工作，但其實工作有不同含意。工作這件事，英文其實有兩種表達方式：

Work／工作：為達成某種結果和目的，而花費的心思、付出的體力。

Job／職業：為了賺錢所從事的規律性工作，俗稱飯碗。

兩者聽起來很類似，但其實並不相同。

譬如，身為父母，也是一種工作（Work），目的是為了愛，而花費心思體力的付出，這並不是職業，將來會不會有金錢的報償，要看小孩的良心和自己的運氣，但大部分的父母並非為了金錢，相反地還付出很多的金錢。因此具有內在意義的 Work，會讓你付出超越報酬的數學計算。

如果照顧孩童是一個職業（Job），那就是保母。固定規律地看顧小孩，得到金錢的報償，付出和報酬，有清楚的數學計算，超時要補足金額。

所以一樣是照顧孩童的工作，身為父母的工作和保母的職業，從事的內容與心態有著巨大的差別。

Work 不等於 Job，工作不等於職業

Job，有達到職業上的要求標準即可，並不要求有 Work 般的內在的意義。

Work 當動詞時，不能單獨存在，前面要有主詞，要有行為者。I work. 主詞是「我（I）」，「我」是行為者，「我」賦予了工作意義，工作因「我」而存在。Work 的目的是自發性的，不是他人給的。

Job 是一個名詞，自己單獨存在，它不需要任何人來完整它，它已經完整。

就業市場上一直有各式各樣的 Job，它們列出條件，是你去應徵，你去滿足這個職務的要求，是它給你目的。Job，是一件適合各種尺碼的制服，就像是韓版只有一種

尺寸的衣服，穿起來總不是那麼的合身，因為並非為你量身訂做，你套上後，總是這裡那裡不合身，你勸自己，大家都是這樣的，不需要理會吧，工作不如人意沒關係，去追求短暫可掌握的滿足，但代價是非常有可能埋沒「自己是人生的大黑馬」的事實。

人都需要工作，但不一定需要職業

人若沒有金錢上的需求，也許就不想上班了，不信回想一下，大家在公司講過多少次中樂透的笑話。

但人可以不上班，沒有職業，但不能沒有工作。因為沒有工作的人，基本上很難感到自我人生的價值，沒有被需要的感覺，這種感覺，並非金錢可以滿足的。在紐約，有錢人備有自己的心理醫生，就像備有司機一樣，顯然金錢並非心靈富足的解藥。沒有金錢需求的人，也會需要有實現自我價值的工作，才不會感到空虛。

更多的人，是有職業但沒有工作

你說：「我上班可沒有偷懶喔，你這樣說有失公平，我怎麼會沒有在工作。」請先別生氣，讓我們看看以下的想法：

1. 什麼時候才放假，我還可以再休更久嗎？
2. 已經過了下班時間了，到底今天還要搞多晚？
3. 這工作真的是食之無味棄之可惜。
4. 我應該要換工作嗎？還是辭職？
5. 什麼時候才加薪和升遷？
6. 工作雖不喜歡，但我再撐一陣子就好了。
7. 這工作超級肥缺，我不做別人搶著做。
8. 如果不上班，我也不知道要做什麼。
9. 我喜歡工作，因為可以賺錢，越多越好。

10. 這又不是我的工作範圍，怎麼又推到我這來？

這些都是很普遍的上班族心聲，我還可以列出很多很多很多。你覺得這樣的工作狀況，是屬於 Work 還是 Job 呢？

我必須說，以上都不是在 Work 的狀態，只是一個 Job 的態度，都顯露出缺乏 Work 的自主性和目的性。

既然 Job 占了生命的大部分黃金時光，所有白天的精神，以及生命中年輕到壯年的體力智慧，都花在 Job 上。Job 當然必須是 Work，不能脫離與生命的意義結合，不然長期處在只是滿足外來的被動意義上，是很難感到生命是有價值的。

Job 必須真的有 Work 的實質意義及目的

職業必須具有個人的生命意義，不是一個崇高的理想，而是一種基本的必須。

前述舉例處在 Job 模式思考的人，很好辨認。同樣的，把 Job 和與個人生命意義結合的人，也很好辨認，他們通常有兩個特質：

一，工作執行的爆發力很強。

因為這種意願是來自自己內在，而不是外在的要求。因此有強烈的欲望，不顧一切，超越極限地想要達成。

二，有著外人看起來無法聯想，或覺得不可思議的工作選擇。

因為他不是憑著大眾的腳步，而是循著內在的聲音，因此常有許多驚人創舉。這樣的人，通常都成為擁有很多故事的人，創造出很多驚奇，以及擁有自己堅定的想法。**將個人生命意義與工作結合的人，是運用職業當作一個工具，一種方法，去達成自己生命的特殊目的。**金錢對他而言不是主要的，但卻沒有因此有金錢的損失。

有很多人以為，在工作上追求生命的意義，是一種形而上的出世行為，等於放棄對金錢的追求，無法成為社會的主流。事實上並不是這樣的，因為當你工作有個人目的的性的時候，你內在的動力會驅使你，做出超有爆發力的執行。因此，雖然你的目的並不是金錢，你卻有可能會因為潛力發揮到極致，比沒有特殊目的的工作狀態，獲得更好的報酬。而同時，這個意義和使命感，還會使你工作得非常愉快，生命也因此豐富。

這樣的工作意義，和我之前提倡「最美五套的穿衣法則」，也是一樣的道理。

當我們回到原點，究極一件事物的目的與本質，找出癥結後，我們往往可以全面性的解決所有連帶的問題。衣服是，工作也是。

深究自己穿什麼最好看，擁有答案後，自然不需要這麼多可有可無的衣服，好看才是重點，但件數不是。解決最好看的癥結，一併解決了所有衣服的件數、整理、自信、金錢使用、環保等所有連帶的問題。

同樣的，深究工作的本質，找出癥結，也可以解決所有工作上連帶的問題，方法是找出「外在期待」與「內在滿足」的最大公約數。當我們找到工作的意義，是可以同時滿足他人的企望與自己的渴望時，就完全不需要在「脫離群體」或「失去自己」中做選擇。

我們本是群體的一部分，我們可以同時保有自我，但又照亮群體。不需要把工作與人生意義，畫上楚河漢界。我們兩個都要，不需要穿得很醜才是不浪費，我們要穿得美，也要地球一起美下去。我們要滿足職業賺錢的要求，也要有人生的意義。

如此這般，擁有具個人意義的工作職涯，會像是一首自己人生的主題曲。雖然當中曲調（工作）有變化，但終究是在這個主旋律（工作目的）當中，交織出一首美麗動人的人生樂曲。

1-3 四分不滿的世界紀錄跑者，成為神經學教授

讓我們來看一位美國人羅傑・班尼斯特（Roger Bannister，以下簡稱羅傑），如何奏出自己人生的美妙樂章。

在一九五四年，那個沒有網際網路的時代，當時卻有一百萬人，即時觀看羅傑挑戰世界紀錄。結果，他成功打破人類一千五百公尺跑步的最快紀錄。在他之前，一千五百公尺的距離，沒有人類能在四分鐘之內跑完。

打破人類世界紀錄是何等的榮耀。有多少的合作和「錢景」等著他，若是身在現

代，應該所有的運動品牌，都拿著鉅額的合約，排隊等他點頭，在當時也是如此。但他打破紀錄後做的事情，並沒有繼續享受榮耀集於一身的光環，而是去念醫學院，主修神經學。

要讓體力能夠打破世界紀錄，這需要多少非人的訓練，有多少運動員的汗水，就是為了這樣頂級的榮耀。但羅傑付出所有嚴酷的訓練代價，卻轉身離開他的榮耀，因為那不是他的目的，他有內在的渴求。他對人類的身體有著極大的興趣，無論是從跑步到醫學研究，他的目的，無非就是想要從身體四肢到內在神經，澈澈底底地了解人類身體的奧祕。

目前網路上，仍有他著名的四分未滿跑步紀錄影片，並且由他本人事後配上旁白，闡釋在當下踏出的每一步，腦中的心思意念，如何從內在指揮四肢的動作。我看了影片後，感到非常驚訝，原本以為有百萬人觀看你挑戰世界紀錄，跑者內心一定非常緊張，沒想到他解釋，腦中如何從慌亂，繼而進入一種不間斷的節拍，到最後從內到外自然而然的韻律，內心有著無人觀看的寧靜，與我們看到現場百萬人空巷的熱鬧景致，形成對比。最後他打破人類身體極限，達陣時立即昏了過去，因為心力都已經耗盡。

他是以這樣竭盡所能的方式，去追尋只屬於自己的答案，他想從各種角度，探索人體的奧祕。

往後從醫的四十年，羅傑在神經學發表了許多重要的研究報告。以外界的眼光來看，從世界紀錄的跑者，到神經學的教授，這轉變也許讓大家跌破眼鏡，但充滿自我意義的工作銜接，只有他自己才理解，也因此會奏出不同於一般人的美妙樂章，不計較付出和酬勞的計算，這種表現，就是工作（Work），非常容易辨認。

如果沒有這樣特殊的人生主題曲，貫穿了他的工作目的，他選擇只做其中任何一件事，那麼世界上也只是多了一位破紀錄的運動員，或一位神經學的教授。正因為是這樣兩者合一的特殊心智的組合，才能成就一個沒有任何人能夠替代的生命。

他的工作，充分證明了他的存在，有其獨特的意義，甚至拿世界的利益給他，他也不願交換。

當你在做對自己有意義的工作，應該就是這種淋漓盡致的感覺，這就是生命的主題曲。你不需要任何外界的榮耀，就已經得到了自己的勛章。我覺得，羅傑不只是破了四分鐘的世界紀錄，他也展示了，一個充分使用心智和身體，在工作中探索自己人生意義的極致。

每個人都想追求人生的意義和自我的價值。雖然很多人都想趕快達到不用工作的境界，但我並不覺得人生來都好逸惡勞，只要享樂，那純粹是因為眼前工作不具備生命的意義，才想趕快脫離。沒有人不想有意義且快樂地工作著，因為這可以讓我們理解，我們到底為什麼來到這個世界上，自己受造的目的。但這種意義，來自內在，而不是靠外在的頭銜和獎勵，不然等掌聲消失，只會更加地空虛，而為了得到掌聲，很多人成了工作的奴隸，或職位更高級的社畜。

1-4 我的第一個工作：海上石油探勘

並非一定要跑出世界紀錄，才能成就獨特的生命意義。羅傑非常確定要探索人體，但一般人若沒有這樣特定的主題渴望，怎麼辦？

以我自己為例，相較於世界冠軍羅傑，我只是平凡的一般人，出發點和大家一樣懵懂，並沒有命定的探索主題，只是憑著對探索的堅持，一樣可以帶我到不同的境地。

自從我寫了《「最美五套」質感人生穿搭》一書，普羅大眾第一次聽聞有流行預測師這個行業，我開始收到許多讀者來信，詢問如何才能夠成為流行預測師。大家的問題不外乎，請問要去哪裡找這種工作、要考什麼檢定考試、要經過什麼科系的訓練，甚至想要知道我大學念過什麼系，我做過哪些事……

這無法三言兩語回答，我只能寫一本書來回應。

事實上，雖然詢問者眾，但我不覺得大家都真的想要當流行預測師，因為大家其實並不知道，流行預測師實際的工作內容。之所以會如此充滿好奇，我認為完全是表現出，對一個可以展現獨特自我的工作的渴望，而流行預測師，聽起來好像就有這種獨特性。

而事實上，我一路的職涯，做過的所有工作，幾乎沒有人從事過，全都充滿著獨特性。因此不是一條已經被開發的路，有人先制定好規範和學習路徑。我得披荊斬棘才會有道路，要自己思考如何破解迷宮，因此也不可能有什麼先修科系或檢定考試。

因為我的工作目的，是要登陸月球

當阿波羅十一號成功登陸月球的時候，太空人阿姆斯壯先生踩著人類第一步的腳印，說：「這是我個人的一小步，卻是全人類的一大步。」那種澎湃激動的心情，就是我追求的感覺，雖然我不能站在月球上，但我希望在工作上，能夠踩著只有自己才有的印記，證明自己曾經來過這個世界的足跡。

因此，我選擇工作的原則和標準，是必須對我內在而言，有如人類第一次登陸月球的驚喜。

所以我對沒有人能挑戰成功，或從未想要挑戰的工作，充滿了期待和興奮。身為流行預測師，長期都處於十八個月以前的未來流行趨勢中，果真有著先一步到達月球的興奮，聽起來是很符合我內在目的的工作，但我並不是一開始就直接降落在我目前的工作，對於觀察新事物的能力，也不是因為從事流行預測的工作才開始的。而是我本來就對這樣的事物，充滿了探尋的欲望，先有這樣的本能，才會被引導到這樣的工作。

探索和創造——這是我工作的目的和主題曲，從來未曾改變

從目前的預測師工作，回推到我第一次工作，都是同樣的目的。因為我認為，生命存在的證明，就是不斷地生長，像是一株生意盎然的植物，會不斷長出新芽。如果我沒有再繼續探索和創造，那也缺乏了生命的氣息。這樣的使命與目的，我也將它帶

進我的工作中。

這樣的信念，會一路不停地帶我找尋，可以讓我成長的工作，看見不同的新事物。我的工作選擇，都會環繞這樣的主題曲。所有我做的事情，都深植著如此的信念。我相信即使不從事流行預測師，我也會在某一個領域，做著創新和探索的工作。也因為我的主題曲，只對我個人深具意義，因此職涯道路的銜接，當然也不在大眾理解的範圍內。我偏好從事沒有人做過的行業，這樣就可以充分地創造，並感受探索的快樂，感到自己的獨特性。

大學畢業後，我的第一個工作，並不是流行預測師，甚至反差極大。我在日本半國營的海上石油探勘企業工作，那可不是紙上作業的研究機構，那是扎扎實實在大海的中央，探勘海底的石油及天然氣。

探油船絕非我們日常生活範圍中的場景。比較為人知的探油船情節，應該是布魯斯．威利所演的電影《世界末日》。劇情講述有兩顆龐大的隕石即將撞上地球，為了拯救全人類，要成立一支馬上能夠執行世界上最艱難任務的隊伍。但，什麼樣的職業能夠擔任背負自己及全人類存亡的工作？答案是，在海上擔任油氣探勘的一群人，由他們開著太空梭在太空中迫降隕石，埋下核子爆破武器的工作，電影中他們成功挽救了人類的命運。

為什麼故事中海上石油探勘的工作者，可以扮演這種只准成功不准失敗、拯救人類的角色？因為海上的石油探勘，開採的是石油和天然氣，都是易燃的爆破物質，因此在海底鑽探的工作，每一分鐘都充滿了危險及極度壓力。稍有不慎，就會出現很嚴重的災難。所以石油探勘工作的薪水很高，隨時都是拿生命與未知搏鬥，需要膽大心細，我想不出比這個更陽剛的產業。

電影中的場景是美國德州的探油平臺，比我工作的探油船規模小很多。我工作的日本鑽油平臺，大到船上還可以輕鬆地停靠飛機，彷彿海上陸地，可以從非洲開到亞洲，因為下面有兩艘巨型潛水艇，可以開到全世界各地進行油氣的探勘。我所工作的母公司是三菱重工，從造船到製作軍用武器無所不包，是日本重工業製造之母，這個公司因掌握開採天然資源技術，屬半國營的狀態，和一般的民營企業不同。

而我的信念，就是探索。對我而言，越具有強烈的陌生本質，就代表擁有廣大的未知存在，會激起我的探索欲望。放眼天下，沒有多少人接觸過這麼危險壯闊的工程運作，我怎麼能夠跳過這麼棒的機會呢？

於是我成為當時日本公司在海上鑽探工程中，唯一雇用的女性，以及唯一的臺灣人。在我之前，沒有女性或臺灣人做過這個工作。當時對我而言，實在太興奮了，等於我一次登陸兩個月球。這本書的後段，我還會告訴你更多工作的故事。

我因為探索而經歷的人生，遠遠超過我能想像的。

這段工作，成了我人生難忘的經驗。往後我在歐美的工作環境中，常有男性聽到我做過這個工作，無不報以羨慕的眼光，央求我告訴他們關於在探油船上所有的一切，無意間，也滿足了很多內在小男孩的願望。

然而石油探勘，還只是我的工作職涯探險的起點而已，本書後面還有更多我的探險故事。

1-5 ——

探索所帶來的勇氣，會改變你的生命樣貌

探索與創新，就是我的人生意義與工作結合的主題曲。

當我內在的渴望得到回應時，每天都有等不及起床要去上班的動力，就如四分不滿的跑者，可以一直跑到精疲力竭，用光最後一點力氣。會有這樣的動力，從來都不是因為錢，錢沒有這麼大的力量；如果錢可以辦到，就不會有這麼多人領著薪水，卻提不起勁去上班。

當人生目的與工作結合時，你不會一直想著，什麼時候才可以自由，因為你一直都自由的，在做自己充滿熱情的事，當解決了工作的本質意義，也就解決了工作所衍生的各種難題。

只有你的內在渴求，可以在夜晚呼喚你，在白日帶領你，堅定地往你要去的方向。

當你勇於探索時，回報你的，就是對自己擁有更大的信心和勇氣，也因此我一直認為，害怕探索，是人生最大的損失。

後來的道路，也證明我所有的探索，都回饋我更多的智慧和堅定，沒有任何探索是浪費的，連無法想像的探油船都可以帶我到流行預測的工作。

任何無畏懼的探索，都會構築出一條對你獨具意義的道路。

在我進入流行產業後，也持續專門挑戰沒有人做過的嘗試與創新。這不是剛好的幸運，這是必然的結果。你的主題曲是什麼，就會帶出什麼樣的人生樂章。而得到的勇氣，不只讓工作受益，你的人生樣貌，也會因此而全面開闊。

當你為自己強烈的信念，和個人的意義去選擇工作時，內在就被滿足，你會得到非常大的成就感，當中的邏輯是沒有人可以理解的。也因此，這時別人對你的評價，已經一點都不重要了，同時也不會干擾你，因為你內在的滿足，已經遠遠大過外界的雜音。

因此找出自己的信念和工作目的非常重要，不然你寶貴的生命，滿足的是職業的需求，考量的是別人的觀感及看法，自己卻常常質疑是否有意義，這真的很可惜，畢竟我們的人生都只有一次。

但你說，人生主題曲談何容易，生命的意義聽起來是個好大的議題。我沒有辦法想出這麼深奧的答案，我連明天午餐要吃什麼都不知道。

還沒有答案是很正常的，因為現在的你，還不到做決定的時候。這本書要幫助你做一些準備，重要的答案才會慢慢浮現。我認為從小到大，大家都被教導，要「如何擁有最好的職業」，卻沒有人教導「如何從事對自己最有意義的工作」，只要你開始意識到這一點，就是自由的開始。

自由不是離開朝九晚五的形式，真正的自由是「心」的自由

離開朝九晚五，不需通勤不用打卡免開無聊的會，也許會開心一下下，但若缺乏真正的探索，長期感受不到生命的價值，你仍然會感覺空虛。

這本書，希望能幫助更多人，在工作上得到內心真正的自由和意義。

身為流行預測師的我，在工作上經常需要為業者解說未來的流行趨勢。流行與未來本來就是龐大而抽象的概念，而我善於將複雜的事物，化繁為簡理出脈絡，整理出能夠執行的具體方向，讓不同屬性的流行製造商有路可循，又不限制創意的表達，這正是我的興趣，也是擅長的能力。一個好的引導，要有清楚的方向，又不限制個人發展，並能啟發更多的可能性。利用同樣的邏輯，我整理了工作的議題，希望能夠幫大家打通任督二脈，大膽地往目標邁進。

下一章我將以有趣的理論，幫助即使不知道未來方向的你，仍然可以穩妥地走在對的道路上，這一切有趣的探索，才剛要開始呢。

PART 2

擁有職涯的全貌
才不會陷入單點思考

許多人在工作上常面臨各種抉擇，譬如：

- 不知道該選 A 公司還是 B 公司比較好？選 A 的話，薪水不錯，B 雖然薪水沒那麼好，可是好像福利和制度還不錯。
- 不知道要離職，還是多待幾年再辭比較好？也許等我再累積個幾年，多存一點錢，我就可以……
- 也許我應該創業……也許我該出國念書……也許先考個證照……

由於每一種選項，都沒有肯定的答案能保證一定是最正確的選擇，因此很多人都結凍在「考慮」的狀態：等「想清楚」了再說，「再放一下吧，也許到時候狀況會比較明朗」，你周遭的朋友和你那焦躁的心，都是如此安慰你。

對於沒有標準答案的事，沒有什麼比「想」更浪費時間

這就像你出門拿起這件上衣，不知道要配哪件下身，「再想想」所以先掛回去擱著，一樣地浪費時間（在這點上，衣服與工作有相當的同質性）。因為事實上，你根本沒有衣服最佳搭配的答案，你也沒有工作上最佳選擇的答案。「再想想」其實是擱著「先不要想」，於是時間就這樣過去了，衣服都退流行了，還沒配成套，而最終，你也懶得再轉換工作了。

沒有答案不是罪過，但你不能假裝「等一下」會有答案。結果你從來都沒有面對過自己根本沒有答案這件事，從而浪費了寶貴的時間。

為什麼我能這麼篤定「你沒有答案」？因為你缺乏提供答案的要件。我們來看一下，這個世界，誰最有答案呢？

現今世代，每個人腦中一浮現問題，無論大小，不是先打電話去問朋友或想辦法問專家，而是立刻拿起手機，上網估狗一下，因為網路對疑難雜症有問必答，因此堪稱大神。不但萬事可問，而且連任何人類可能會出槌的事，人工智能都能勝任。甚至連原本以為，只有人類獨具的藝術創造力，近來也備受挑戰。我日前才看到實測，考驗AI是否能夠創造出詩句來，結果AI產出的詩，不但優美，而且意境甚至相當地廣闊，完全無法辨認AI所寫還是人類。除了文字，在藝術圖像中，AI作品也進入了紐約的現代藝術博物館（MoMA）的一樓展館大廳。AI將MoMA兩百多年以來，十三萬多幅現代藝術的館藏讀取後，重新創造與詮釋，成為彩色3D波浪的動態藝術，讓觀看者無不目眩神迷。

然而網際網路和AI人工智能，並不是一開始就可以凡事萬能。先決條件是，必須要有廣大資料庫的累積，AI還要經過驚人的交叉訓練，才開始有智能，如果資料庫很有限，就智能不起來。AI智能來自模仿學習人類，但發展至今現在，AI智能已經超過你和我了，因為它的能力是眾人的結集，也許是時候反過來，換我們來學習AI的能力。

所以正難以下決定的你，腦中有足夠下判斷的資料庫嗎？你的人生經驗足以判別，你工作上所做的決定嗎？我相信大部分人，資料庫是不夠大，因此無法下判斷。

你說才不呢，關於工作的選擇，我上網找了很多資料，上了很多相關課程，還看了很多這方面的書籍，問過從事過這個工作的人，怎麼會沒有資訊？我幾乎是這個問題的專家了，只是還不知道自己該往哪裡走。

對，但那是關於「工作」的資訊，不是關於「你自己」的資訊。你對自己的了解非常有限，這就是無法幫自己做決定的原因，這方面的資訊太少——你，可能是自己最熟悉的陌生人。

你現在所了解的自己，都是根據過去個人歷史的展現，但那只是冰山的一角，其實你還有好多未知的潛能沒有被開發，所以你對自己的所知很有限。關於這點，我非常確定，因為沒有一個人的大腦已經充分被開發，連我工作了幾十年，每天都還在重新認識自己的能力。

如果連你都不相信，自己有尚未被發現的潛力，又怎麼能夠怪別人都不了解你呢？你應該是最挺自己的人才對啊。即使尚未發光，也要對自己有星探般的信心，相信總有一天會證明，因你的存在，讓這個世界變得如此不同，如果對自己沒有這種熱情，那你對自己是有虧欠的。

我非常相信，每一個人都有尚未被開發的潛力，而且我們都常常看到這種超能力的展現。

當你沒有選擇，而不得不去做這世界上最困難的一個工作，你往往會變成十八般武藝樣樣俱全，內心堅強得像鋼鐵，再大的壓力，身體即使再瘦弱都能承受，這個工作就是：當一個母親。任何一個母親，在育兒的某個階段，都曾經有過如同打破世界紀錄的跑者，精疲力竭將自己榨乾最後一點力氣的經驗。

但，跑者到終點可以昏倒，母親不行。

你身邊一定有過這樣的例子，原本天真浪漫的女孩，有一天當了母親後，所有不會的事全會了。當初的少女，連小蟲都怕，絕對沒有想到，自己有一天變得如此強大。而因為能力的提升，對事物有更深刻的理解，與少女時期，即使面對同一件事情，看法卻完全不同。

女性從身體拉出一個孩子，等於是上過戰場，意志力敏銳度都超強，職場的技術可以短期修補，但你沒辦法讓一個沒上過戰場的人，長出這些能力。我也要向媽媽們信心喊話，如果因為育兒在家，千萬不要覺得矮人一截，你當母親並不是荒廢，而是另一個更艱難的操練。美國眾議院第一位女議長裴洛西，任期歷經數屆總統，地位屹立不搖。她正是當家庭主婦到四十七歲才從政，我相信她當母親的期間，已經儲備和鍛鍊了各種能力，之後讓她可以長期統帥所有對立的政黨，成為一國之母。

所以我說，你目前對自己能力的了解，認識未深，還處在少女的階段（對，即使你是男的）。你有太多的潛質尚未被發掘，因此當你不知道該怎麼選擇的時候，其實並不是做決定的好時間。至於什麼時候，才是做決定的好時間？讓我們來看看下面的圖，就會找到答案。

2-1 認識「自我認知」三角形

自我認知若以等速發展的狀況，會呈現標準的「正三角形」

人對自我的了解，從很小的一個三角形頂點開始。在時間縱軸的發展下，經由工作所被開發的潛能逐漸增加，如此一來，你對自我的了解也越來越多。隨時間等速增加的話，自我理解會呈現正三角形，算是標準的狀況。自我了解的增加，成為越來越廣的底部，就像ＡＩ的資料庫越來越廣大。

因此，從知道自己一點點的能力，到證明自己有越來越多的能力，這些歷練和經

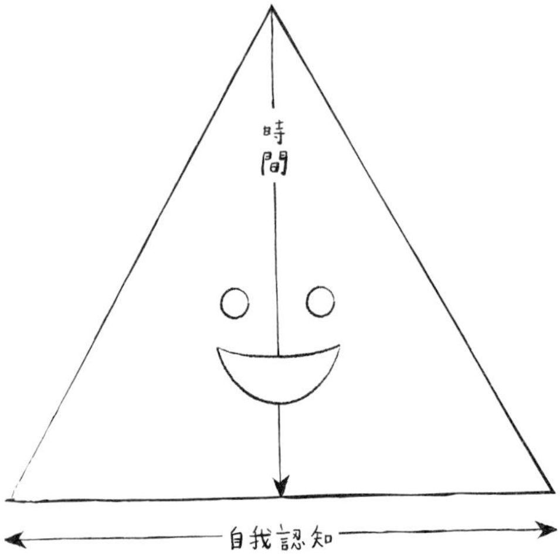

自我認知三角形

縱軸：時間，橫軸：自我認知的廣度。
※ 理想狀況為，工作時間越長，自我認知發展愈廣。

驗都需要「時間」去萃取。如果你的年紀很輕，歷練很少，目前的茫然是必然，但你的未來還大有可為。只要照後面章節，發展自我的探索，就會形成自我認知無限大的三角形，對自己的各種能力了解更多，對於未來的決定，就更能掌握。

但反過來，並不一定成立！並非年紀夠長，工作年資夠久，自我理解的三角形就一定會隨時間等比地長大，成為一個正三角形。能否順利累積自我的認知，關鍵在於你工作中經歷的內容，是否具備「探索」的實質意義，與職稱和薪水、年資都沒有關係。

舉例：A一旦工作上手後，就非常享受工作上，因熟練而不花腦力的狀態，可以快速完成負責的事物，翹腳休息，甚至還可以指導新人。A的職稱可能還不錯，對公司來說也算好用，但A的自我認知三角形，是底部很窄的「狹長三角形」（如下頁圖A），工作年資很長，即使頭銜很大，也可能只是一直處理熟悉的事務，探索值不高，對自己的理解只限某個範疇。

相反地，另一個年輕人B比較晚進公司，工作年資沒有A長，但如果非常刻意挑戰新事物，加速開發自己的潛能，可能在短時間裡，自我認知的廣度遽增，雖然職

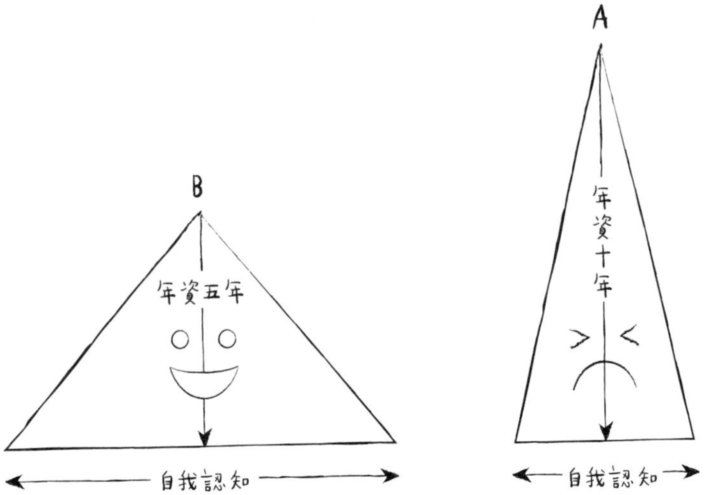

※ 並非年資越長，自我認知就會越廣

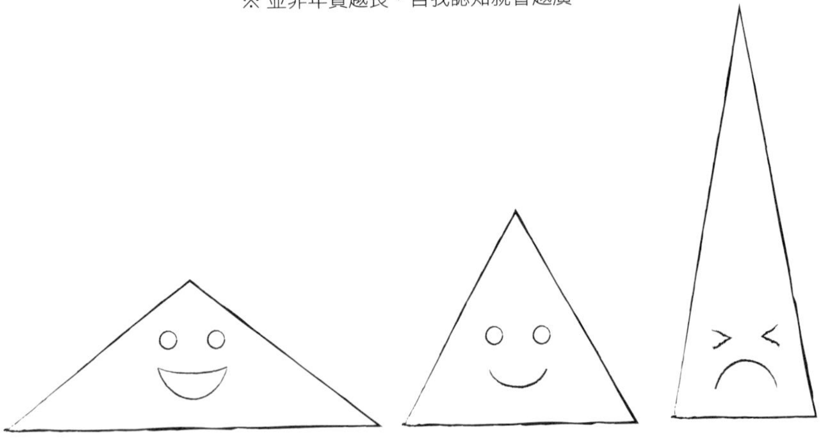

※ 自我認知三角形的廣度，取決於每一個人的探索值，而非年資。

稱沒有A來得大，但所成就的「自我認知三角形」，會比工作很久的A還來得要寬廣得多，呈現的三角形不是等邊正三角，而是偏扁的三角形（見右頁圖B）。

每一個人的自我認知三角形的形狀，因為探索值不同，三角形也不相同。（後面章節，我們還會更深入探討，關於如何加強探索，幫助自我認知的主題。）

持續藉由工作來探索自己，「自我認知三角形」就會一直不停成長，而根據探索的「強度」，會決定三角形成長的「速度」，不只每一個人的形狀不同，自己每個時期的形狀也不同。

因此自我認知三角形的成長，是無法用職稱、頭銜、薪水來衡量或掩蓋的。當我們的三角形底盤越大，對自己的志向和能力的認知就會越發清楚，這樣才能幫自己建構「做好的決定」的基礎。當你希望自己有獨特的道路，就必須與自己誠實對話，檢視工作可有潛力探索的實質，當你越真誠面對，你的答案就越清晰。

我希望你心中，現在開始建立起一個新的工作識別系統，用「探索值」來考量工作的意義。因為這樣的工作，才會累積你渾厚的生命力和自我認知。

只要開始探索，每一個人的內在都是浩瀚宇宙。

2-2 認識「工作範圍」三角形

除了前述「自我認知三角」形外，還有另外一個重要的三角形，是「工作範圍」三角形。

工作範圍若以等速發展，理想中是呈現「倒三角形」。

工作選擇的範圍，隨著時間發展，應該要從廣到窄，最後聚焦。一開始，先從廣泛的面相開始探索，不要設限，盡可能把握任何能夠開發自己潛能的機會，隨著時間慢慢地調整，逐漸凝聚自己的志向。

最後的倒三角形的頂點，不是做很少的事情，而是一種「聚焦」的深入，而且聚焦的過程，是逐步漸進的，因為最後你會很篤定精確地知道，自己的能力要放在什麼點上。因為之前的廣泛涉獵，所激發的周邊潛能，已經能夠支撐任何你想深入的事物，

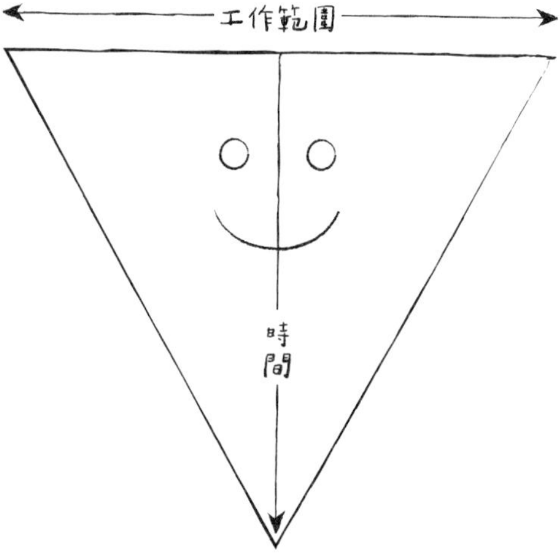

工作範圍三角形

縱軸：時間，橫軸：工作範圍廣度。

※ 理想狀況為，隨時間發展，工作範圍從寬廣到聚焦，呈倒三角形。

可以選定一個精確的點去發揮。因此順著時間的流，工作範圍呈現倒三角形。

這就好像你要去尋寶，最初在不知道寶藏埋在哪裡的狀況下，當然是先盡可能廣泛地探測，等到你發現自己的才能寶藏集中某處，才進行深入的挖掘。

2-3 初階：避免「矛盾」三角形組合——錯誤時間做工作決定，等於賭運氣

當職涯持續進行時，同時會有「自我認知三角形」與「工作範圍三角形」的形成。接下來，我要用這兩個三角形的對應，來告訴你在職涯上，該避免的錯誤，以及該追求的方向。

追求自我探索的工作者，要避免「矛盾三角形組合」，也就是「自我認知三角形」與「工作範圍三角形」同時間對應時，皆呈現正三角形的狀態。

尤其在職涯的起點，也是對自己認知尚不足的起始點，就要精準地決定未來的志向，我希望你能理解這有多麼地強人所難。（可以看到兩個三角形，同時都處在尖端的狀態。）這樣的狀態，當然會讓你非常猶豫，就好像才認識第一個男女朋友，就必須決定要不要結婚，簡直和買樂透一樣靠運氣，所以你對前途非常徬徨，始終不敢下好離手是必然。

我女兒在幼稚園的畢業典禮上，大聲地對著麥克風說：「我～長～大～要～當～幼～稚～園～老～師，因為我喜歡教小朋友。」她的壯志在空氣中迴盪，家長們捧場地鼓掌。經過了十年，她正值青少女時期，她對「小孩」（她自己）的理解更多，小孩不只是幼稚園裡面可愛稚氣的寶寶們，還包括她自己及朋友——一群因荷爾蒙陰晴不定，說風就是雨的青少年男女。不要說當幼稚園老師，她說以後連當媽媽都不要，因為她覺得小孩很難搞，她可不想給自己找麻煩。但我不以為意，因為十年後，她的想法又會不一樣了。

因此就算你一踏出校門，毫不猶豫地做了決定，也會像我女兒一樣，心意注定會改變，因為隨著時間，人的自我認知也一直在改變中。

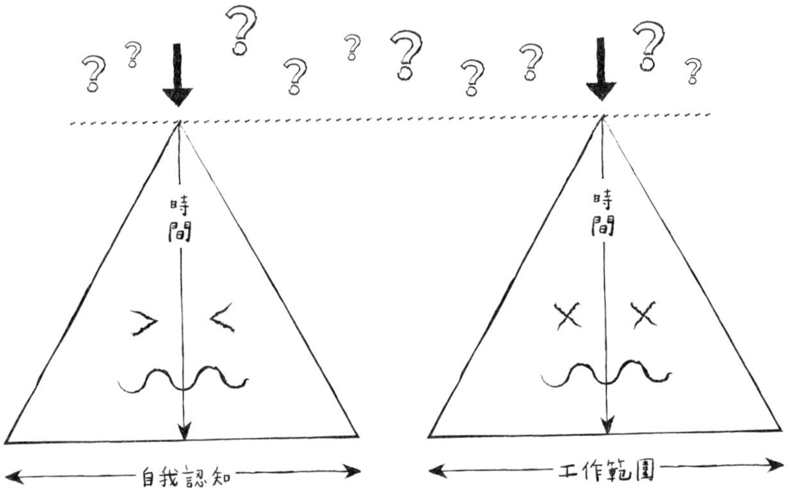

矛盾三角形組合

當處在侷限的自我認知及工作範圍，不是決定未來方向的好時機。

很多人覺得，唯有一開始先想清楚，以後才不會浪費時間，我一再強調，「想清楚」就是最浪費時間的方式。因為你在一個錯誤的時間點做決定，結果當然不理想，在一個針尖的地方尋寶，要保證寶藏埋在針尖那一點，那百分之九十九點九你是要失望的，很快就會沮喪放棄，繼續過著工作與志向分離的生活，造成工作不快樂的結果。

工作初期，你應該還不知道自己有什麼潛力，更別說要為自己預設未來發展的方向，這個時期的茫然是必然，需要的是探索的行動。但很多人無法忍受沒有立即的答案，即使是賭上一把也好，我常常發現，人往往對「自己」最沒有耐性。

於是很多人向外界索討自己內心的答案，用各種方式希望速解出前景方程式，但誰又能為你的人生負責呢？如果有人說可以，那我是不信的。

唯一得到答案的方法，就是不要設限自己的工作範圍，好好地去探索那些連自己都不知道的潛能是什麼。你現在看得到的能力，都不是潛力。潛力就是一種深藏於你內在的寶藏，如果你依照社會的熱門前景標準，在一個很窄的地方挖寶，也許別處埋有大片寶藏，可能就這樣被你無視了。這個世界上，有太多工作，並不包括在學校的學科當中，也不在大家的熱門排行中，都蘊藏了發掘潛能的寶藏，你千萬不要限制了自己的想像。

2-4

中階：追求「正確」三角形組合——持續在對的時間點做工作決定，越走越篤定

如果你已經懂得避免「矛盾三角形組合」，進階應該要漸漸升級到追求「正確三角形組合」，這是指「自我認知三角形」與「工作範圍三角形」同時間對應時，呈現相反的形狀。

在工作初期對自我潛力了解甚少時，要盡可能拉大自己工作的範圍，不要自我設限。經過時間歷練累積，隨著潛能開發，慢慢構築對自己更多的了解，逐步轉換到更接近能力和志向的工作內容。最後，在你對自我認知最清楚的時候，你自然會知道想

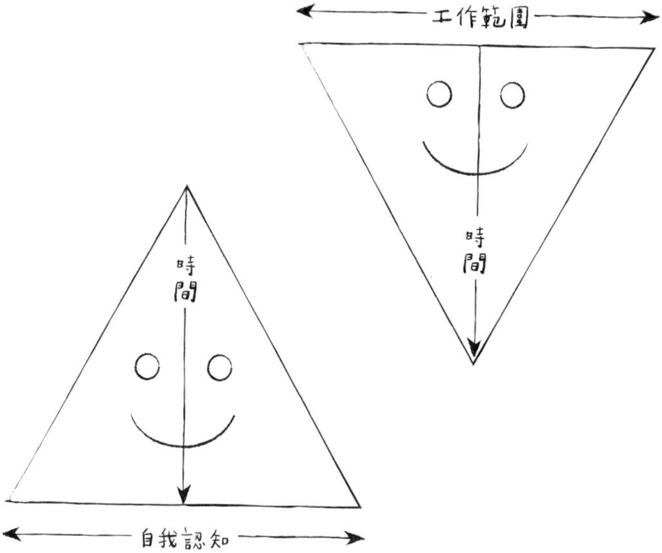

正確三角形組合

在自我認知逐漸清晰，工作範圍日漸聚焦，未來方向是篤定、漸進的過程。

聚焦的工作範圍是什麼。這一切過程，都是明明白白地走過，也因此你會很清楚每一步的決定，而非懵懵懂懂地猜測。

如果你能這樣做，就會慢慢描繪出屬於你的獨特工作道路，而這樣發展的結果，很少人會走一模一樣的道路。

2-5 ——

進階：「黃金」三角形組合——適合想要重度探索自我，在職涯道路上超車的人

「黃金三角形組合」意即「自我認知三角形」與「工作範圍三角形」互相對應時，呈現相反的三角形組合。但與「正確三角形組合」不同處是，兩個三角形的形狀皆呈現「扁三角形」，在很短的時間內，底部或頂部異常地寬廣。

如果你和我一樣，對內在自我和外在的世界，都感到極大的好奇，等不及要挖掘

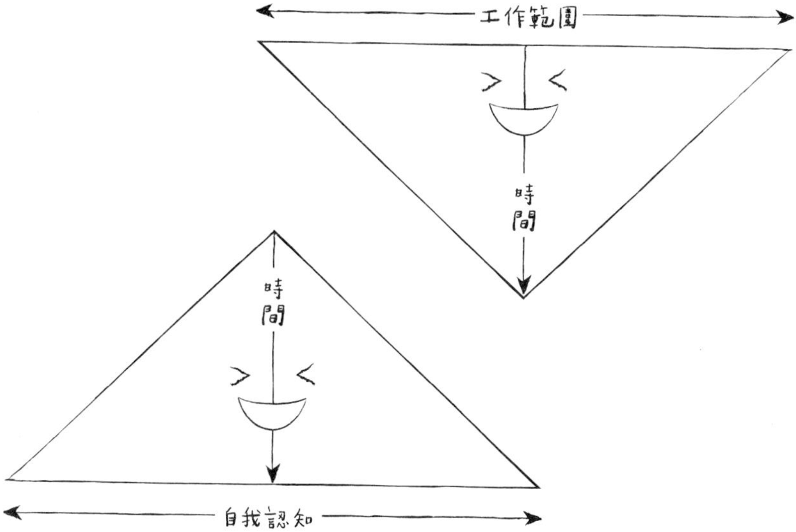

黃金三角形組合

在最短的時間內，達到最廣的自我認知，了解自己適合聚焦什麼工作範圍。

潛能寶藏，甚至覺得鏟子不夠用，簡直想自己開怪手來挖，恨不得馬上能夠看到自己，到底有哪些潛能，那就應該以「黃金三角形的組合」為目標。從最廣泛不設限的工作範圍出發，在最短的時間達到最廣的自我認知，也能幫自己盡快找到合適的工作面向。之所以稱為黃金，因為得來不易，必須下定決心，與時間賽跑，竭盡全力。

身為流行預測師，在流行製造和設計業者每季開發新商品前，我都要先給團隊未來季節的趨勢藍圖，通常我會先帶領開發團隊，鳥瞰未來趨勢的整體架構和文化意涵，而不是直接進入設計細節。因為我相信，唯先擁有宏觀的方向，產品創意才能有更自由的發揮。若不了解該季整體脈絡，一股腦地進入細節設計，往往只能在某個點上抄襲，而不知所以然。

同樣的，以上的各種三角理論圖說，就是希望構築你對職涯有整體鳥瞰的畫面，這樣比較不會困在很小的問題或視野中，能更勇敢地飛翔。也許當下你有些工作挑戰或困難，但當你俯看職涯全貌時，會更清楚目前的經歷是為了什麼目的、到底值不值得這麼做，開始有自己的判斷，不會急著抄襲別人的人生。

聽完上面的分析，追求工作的「正確三角形組合」，好像很合理也並不困難。但是實際上，在工作上形成「正確三角形組合」的人卻非常少，究竟是什麼阻礙了發展？讓我們來看下一個章節吧。

PART 3

錯誤的路標只能通往職業但無法通往工作

為什麼正確三角形，聽來不難理解，卻難以達成呢？因為一旦將許多被大眾高度評價的工作理想和目標奉為圭臬，就會偏離「標準三角形組合」，無法以探索為目的繼續前進，因為那些路標是通往「職業」，而不是通往有意義的「工作」。

這裡舉出最普遍誤導的三種錯誤路標，讓我們一一來辨認，以免一路追隨，到了終點才發現自己離自由甚遠。

3-1 —— 錯誤路標一：完美

社會上普遍都以「人生勝利組」當成人生經營成功的標準，被稱為「人生勝利組」的人，往往也成為周遭稱羨的對象。

美好人生的規劃從就學、就業、甚至到婚姻，都有一套大家覺得符合標準幸福的畫面。於是很多人在考量眾多決定時，就會參照是否符合這樣的模組規劃著，譬如：

選什麼科系，學什麼技術，都會以未來有沒有前途、現在熱不熱門來衡量。

先不論如此苦心規劃，是否能達到心目中的完美人設。我們先假設，你現在已經達到了，並且我把你這麼完美人生的劇本，拍成影集搬上 Netflix 平臺。

電影劇情是：「我很會念書，從小到大都是第一名，進了名校就讀，畢業進入一流的企業，前途一片光明，配偶高學歷高顏值，生了一男一女，孩子也一樣很會念書，而且精通各種才藝……」

觀眾大概會有兩種反應：一種是沉悶到想轉臺，因為這種內容可能連基本的前導片都剪不出來，因為實在太——無——趣了。一種是覺得有煙硝味和緊張感，好像有種「快要發生什麼事，山雨欲來的伏筆」……不是我們見不得別人好，而是這樣的幸福人生，感覺好像是踩鋼索般的不能犯錯，有如橡皮筋已經拉到彈性疲乏，我們不自覺地繃緊神經，感覺這樣的刻意完美隨時會有引爆炸彈的劇情。

在現實生活中，我們確實也看到，許多明明看來是完美的人生範本，有一天卻跌破大家的眼鏡：怎麼會這樣啊，不是賺很多錢嗎？不是家庭很美滿啊？從小不是很會念書嗎？怎麼會……還有更多的人尚未引爆，卻暗暗承受表現完美的壓力。也有些人是中途自願放棄完美的道路，也許因為個人的突發事件，或特殊客觀環境影響（譬如疫情），回歸內心的真實的渴望，意識到自己不應該再忽略內心的聲音，而要走向人生的意義和目的。因此在人生後半場迴轉的故事，真的不勝枚舉。

總之，人生勝利組的設定便是從未翻車、不會犯錯，符合大家所追求的「完美」，但這就是一個沒有故事的人生。我很難想像有人傾力追求，規劃藍圖，卻只想要這樣的人生。

挪威探險家厄凌．卡格（Erling Kagge）回憶，小時候有一次和哥哥在林間迷了路，結果他的哥哥放心地說，沒關係，自己以前在這裡迷過路，所以知道這是哪裡。如果你從未探索，從未迷路，美好人生規劃只要稍微出了狀況，就會出現大災難。迷路的經驗越多，應變的能力越強，反而不容易釀成災難。

所謂美好人生的路徑規劃，其實是極不自由的人生，完美的設定是被銬上枷鎖和限制。持有完美計畫的人，是無法接受萬一不幸歸零，必須打掉重練的可能，因此往往只從事把握度高的項目，只為了小心維護著不敗的紀錄，這樣的人生，探索值極低，當然不是在工作，即使職銜再高，也只是擁有一份職業。

人生的地圖，應該是寬廣的道路，當我們能夠沒有預設路徑地去探尋地圖，才可能有驚喜的發現，並發展出有任何狀況發生時，都能夠欣然接受，並且順勢改變的能力，甚至這樣的探索，往往能夠把你帶到從未想過的境地。我認為在求學與求職的過程中，努力增加理解自己與世界的廣度，遠比在意他人對自己的評價來得重要。

不要太在意他人的批評，但也不要太眷戀別人的掌聲。

批評會讓你想要逃跑，掌聲會讓你想要靠近，兩者都會讓你容易因他人而偏離自我航道，忘了探索才是真正工作的目的。

追求完美，讓你誤以為是在攀爬願景，其實攀爬的是自己的屏障。屏障之外，其實有廣大的世界在等著你，而且沒有對和錯的路，哪裡都可以去，因為你生來就是自由的。

我也是經歷了震撼教育，才破繭而出，接下來，讓我告訴你發生了什麼事。

3-2 十萬分之一的災難

我終於理解，人生其實無法規劃，是在我要上大學的那個夏天。

由於我的職涯長期都使用外國語，大家常以為我是在國外長大。其實，我從幼稚園到大學，都是在臺灣受教育，在我高中升大學的時候，還經過一考定終生的聯考時代。

兩天的聯考，不但底定了當屆所有考生未來的命運，也讓我的人生產生巨大的改變，只是方式與其他的考生非常不同。聯考當天，我成了電視臺爭相採訪的對象，不是因為我是榜首，而是因為發生在我身上的事件。

聯考的第一天，我被分發在臺北師範大學的考場。

在上午考完兩科後，中午休息時間，爸媽把車子停在師大的旁邊巷子，來接我去吃飯。我像是從拳擊場上下來的選手，趁著中場休息喘口氣，我把背包放在車後座，然後我們走路去附近餐廳。簡單用完中餐後，我又和爸媽步行回考場溫書。但進考場前，我得先回車上去拿我的背包。

我的運動背包，裡面只有考試的 2B 鉛筆、應急的一百塊錢和一張准考證。那張准考證，考試時別在我的胸前，但我不想吃飯的時候還被人看到是考生（青少女常有莫名其妙、以為別人都在注視自己的尷尬），於是去餐廳前順手把准考證拿下，放在背包裡，然後將那個沒什麼東西的扁扁肩包，隨手丟在車後座。

人的命運，往往就在這樣簡單的一個念頭上，即將發生無法挽救的事，當下卻無法預知。那股少女莫名的尷尬感，改寫了我往後的命運。

當我和爸媽走回車子要拿包包時，看著車子，我們都愣住了……

因為，車窗整個都被打破，而我的背包，不見了！

喔不，我的准考證?!我的准考證！我的准考證！我發抖地不斷重複這五個字，越來越大聲，越來越絕望，接著開始嚎啕大哭。

顯然，有人打破車窗，就為了偷走我那個扁扁的肩包。爸媽的心急自然不在話下，馬上帶我回到師大考場，詢問試場中的聯考試務委員，看有沒有辦法補發，畢竟我們是被竊，不是自己弄丟的。

但幾經周旋，考場中的負責委員拿出法條，清楚且堅定地告訴我們：聯考的規定就是一旦考試開始，無論任何狀況，都不受理補發准考證，即使我這種被竊盜的狀況也不例外。

沒有准考證，我就無法參與聯考。

當時我才十幾歲，聽到失去聯考資格的噩耗，腦中開始播放讀書跑馬燈，我從幼稚園開始一路念小學中學高中，不就為了最終的大學？卻因為一張小小的紙片，一個莫名其妙的尷尬，一個不經意的動作，我連考試的資格都沒有。

我人生的遠大計畫，還沒有開始，就已經破滅。腦中不斷重複倒帶取下准考證的動作，我後悔至極，簡直快要暈厥。

很快地下午第一堂考試鈴聲響，我卻只能目送其他考生魚貫進入考場。夏天的教室沒有冷氣，窗戶都開得大大的，盡量讓考生通風。兩天的考試，大家都坐一樣的位置，不會再移動。而我早上考試的位置，是靠走廊窗戶那排的第一個位子，也是離講臺最近的第一排。走廊只有我一個考生無法進入教室應考。當所有人正在沙沙作答，只有我站在走廊的窗戶旁，看著自己的空位子，如果伸手，我還可以摸得到座位，但我因為沒有准考證，無法進入教室。

大學與我的距離，幾乎都快摸到，卻被摒棄在外。

我無法解釋命運對自己做了什麼，畢竟才只有十幾歲，我對命運了解得很少，卻被擊得很重。我站在窗邊，看著我的空位，仍是不可抑制地嚎啕大哭，我還無法接受這一切。

一隻手輕拍了我的肩膀，是一位頭髮灰白的老先生。一抬頭，我認得他，他是這個教室的監考老師，是師大的教授。兩天的考試，每個教室座位不變，監考老師也不會變。

白髮教授說：「別哭別哭，妹妹，我記得你，你早上就坐在第一排的第一個位子。我有聽說你的事，你就進來寫吧，算不算分我不知道，但你就先坐下來寫吧，來來，別哭了。」

考試已經進行到一半，我才在自己的位子坐下。即使如此，我的腦筋完全無法平息，一邊寫一邊不斷地啜泣，眼淚鼻涕不停地流下。

教授給我試卷時說：「現在是考英文喔，是橫寫不是直寫，你拿反了。你不要把試紙哭濕了，我只有一張喔，加油。」天使大概就是這種樣貌，溫文儒雅的白髮爺爺。

下午兩堂學科考試，我就在考試時間不足、眼淚鼻涕共進的狀況下應考。但爸媽在考場外也是硬仗，他們不斷與考場試務委員溝通，接著向全國試務委員會申訴，用盡各種管道詢問、溝通，但回答都是一樣：「一旦考試開始，就不補發准考證，沒有准考證，就沒有應考的資格。」我雖然有天使教授，讓我破例途中進去寫考卷，但仍然不予計分。

第一天考試結束，考生們都趕快回家溫書，或休息為第二天補充體力。我和爸媽則直接去了警局，展開報案程序及製作筆錄。我一邊哭一邊寫筆錄，警察先生說：「別難過，你字很漂亮，可能之後會找回來喔，別哭了，妹妹。」

晚上，爸媽和我都感到身心疲憊，我們全家看著電視新聞，在那個沒有網路的時代，電視臺和報紙就是全部的媒體。通常聯考的那兩天，所有的新聞焦點，都在播報聯考的大小事。

電視機前，因為我的災難，全家愁雲慘霧地坐在客廳。我媽看著電視，突然站了起來說：「這件事若沒有輿論，你沒有機會，今年就完蛋了！」說完就轉身去打電話，給當時僅有的三家電視臺。我媽平常都懶得管我，只有在我人生急迫的重要時刻，她才會出手相救。

第二天，我一赴師大考場，電視臺採訪團隊已經在考場等待我的出現。因為當時全國共有十萬個考生應考，而只有我一個人發生這種慘劇。這種十萬分之一的災難，三臺都想報導。爸媽事前雖然幫我聯絡，但並沒有陪我等在考場或代我發言，當場只有我一人面對媒體。

我為聯考準備多年，但沒有想到要考的不是學科，而是面對全國觀眾的媒體採訪。當時十八歲的我，第一次清楚感覺到壓力雖大，但這可能是我唯一的機會，希望能夠重審我的案子，我必須要把握，大學生死就看這幾分鐘的一搏。當記者開始採訪，我鎮靜地看著攝影機，敘述事件的經過，以及回答記者的所有提問，記者採訪完後，攝影師要求帶他們到車窗被砸的巷子，捕捉滿地碎玻璃的畫面，才算是完成全部採訪。

採訪過後，我又回到一樣的教室走廊，考生們早已拚命寫下一科的考試，我仍如同幽靈般的佇立在走廊。宛如昨天情節的重播，我繼續看著我的位子哭泣，天使般的老教授依舊在考試中途，伸出援手讓我進來坐下，他還是那句話：「別哭了，雖然他們說沒分，你還是先寫再說吧，妹妹。」

在教授的善心下，我邊哭邊寫到最後一科，就在聯考只剩大概十分鐘就要結束時，我的窗邊突然來了一群人，叫著我「妹妹~妹妹~」我偏過頭看，是幾名警察和監考人員，拿著我那個被竊的背包，激動地對我說：「找到了，找到了！背包在附近的樹叢中找到了，妹妹，准考證在裡面。」

我的准考證在聯考即將要結束時，回到了我的身邊，我不知道該高興還是悲痛，該哭還是該笑，因為這起准考證被竊事件，我的整個考試狀態，不只應試時間不足，而且精神差點沒崩潰，完全無法思考。

但最不可思議的是，聯招會最終對於我的事件決議是：「該生（就是我），在第一天的前兩堂有准考證，以及第二天的最後一堂有准考證，因此這三科可計分，但中間的科目則全部零分，因為沒有准考證。」

聯招會已經對我下了判決，也就是說，我的考卷是准考證寫的?!所以證在分在。我原本以為准考證是為了證明我，原來准考證才是主體，人是配件。

當晚我們全家守在電視機前，看晚間採訪我的新聞。事件發生的過程由主播講述，外拍記者帶大家到看似寧靜的師大巷道，但滿地都是破窗行竊的碎玻璃，最後鏡頭接到事件當事人，也就是我，一個十八歲綁著長馬尾的女孩，對著鏡頭說：「……社會治安敗壞的結果，讓一個考生來承受，這對我來說，未免太沉重……」我哀怨的雙眼裡有無助的淚水，爬滿了臉龐。

結果我說的這句話，第二天意外從電視媒體延燒到報紙，並成為大報的社論標題，開始質詢我們社會的治安到底出了什麼問題，在這麼關鍵的聯考中，考生竟不能夠安全應試，遭受損失還因此喪失考試資格，聯招會對受害人懲處，是否搞錯對象。在沒有網路的時代，報紙的社論專欄，通常是全國話題的焦點，於是議題有如火苗般延燒。

最後聯招會礙於社會觀感不佳，不得不為了我的准考證事件，特別出面召開記者會。記者會中，聯招會宣布收回之前的懲處決議，但至於要怎麼處置該生（我），要等聯考整體閱卷完畢後，再次召開記者會宣布。

全國的聯考閱卷整整有一個月，命運懸而未決，這真是我人生中最漫長的一個月。一個月後，閱卷完畢，聯招會舉行了記者會，公布了對我的處置，只有六個字：「該生不予扣分」。也就是說，我那個鼻涕眼淚齊發的試卷，考了幾分就給幾分，於是我進入了私立大學就讀。

大學入學時新生訓練，每位新生要向大家自我介紹，輪到我時，還沒開口，所有人就給予尖叫和熱烈的掌聲，因為他們都有收看聯考新聞，已經知道我是誰了，大家說：「原來你在我們系上喔。」

因為這個災難的影響，讓我意外成了當屆入學的短暫名人。但這個災難更深遠的影響是，我不再天真地相信，未來是可以計畫的。從那個夏天開始，我就開始不按牌理出牌，進行我人生的工作探索，而後面的一切如同骨牌牽動般，造就了一個和我原先想像完全不同的人生，而我更喜歡這樣的人生，比我原先按部就班規劃的更有趣。現在，我也才有很多故事可以告訴你，關於我做的事，和我探索過的世界。

迷路，繞路，都會成為未來人生的答案，不要執迷不會走錯路的完美人生。有時當下的完美，時間一長，才知道是一個災難。有時當下的災難，時間一長，才知道是美好的發生。完美，是無聊的人生劇本，那些曲曲折折，才是精彩的人生。

正因如此，當我現在回想那個災難，我可以告訴你：「還好，當年我的准考證掉了！」不然這本書裡所有的故事，都不會發生。

3-3 ——
錯誤路標二：興趣

網路流行在街上採訪路人，如果剛好採訪到你，問你工作快樂嗎？你會如何回答？大部分的人可能會回答目前的工作還不錯，畢竟沒有人想在眾人面前看起來像個魯蛇。但自從有網路的大數據分析，可以在暗處得到你真實的反應，「工作快樂」的謊言，就不攻自破。

根據哈佛經濟學博士，同時也是Google大數據的資料科學家，賽斯・史帝芬斯—大衛德維茲（Seth Stephens-Davidowitz）在《數據、真相與人生》一書，所揭露的一份快樂指數研究報告，將我們經常從事的日常活動，以實際獲得快樂的程度排序，「工作快樂」是第三十九名，所獲得的快樂，僅勝過第四十名的「臥病在床」。

是的，對大部分的人來說，工作只比臥病在床快樂一點。所以，如果你對工作並沒有感到開心和興奮，也不用再裝了，讓我們看看問題到底出在哪裡。很多人會說：「我知道問題在哪，因為我從事的不是我喜歡的工作，這不是我的興趣。」

日本傳奇鋼琴家內田光子說：「我生命中的每一天，如果能夠彈奏莫札特、貝多芬、舒曼……這是上天賜給我的禮物，如果天堂存在，就是這樣的生活。」

然而誰會不想要把工作和興趣結合呢？這聽起來就像天堂一樣。

所有成功的人物，其行為都有一個特徵，彷彿對所從事的工作，有超乎常人的熱情，能夠不畏艱難、不怕燃燒、不怕挫敗地挑戰工作上的困難，於是大家歸納原因，是他們找到了自己興趣之所在，所以即使吃苦，也感覺像在天堂。我的苦之所以這麼苦，就是因為這不是我的興趣。如果我也像內田光子這麼喜歡鋼琴，我就不會覺得練琴很煩。於是大家相信，等找到興趣，工作起來就會像那些成功的人一樣。

興趣與工作結合，成了一個浪漫的追尋。興趣，好像是一種特殊的魔法，能讓人產出源源不斷的熱情，還可以做著自己擅長的事（因為很少人會把自己不拿手的事當興趣）。如果用這個標準來看，目前大部分人的工作，都不符合這種天堂的特質。

既然上班不像天堂，大家開始積極打理下班後的時間，讓白天是無聊的飯票，晚上則發展自己有興趣的第二專長，希望將來能夠成為主業，那樣就可以變成天堂了。

但，當你把工作當作忍耐的飯票時，自我潛能寶藏的挖掘就會呈現停工中。而下班後，針對自己的興趣所發展的斜槓，探索值也極低，因為興趣多半是已知和擅長的事物，並不是未見的潛力。這樣的工作型態所畫出的三角形與「正確三角形組合」差距甚遠。

下班後的興趣培養雖然好，但不該成為忍受白天工作的理由。對於那些說「我還在尋找我的興趣，所以先斜槓」的人，首先應該解決的是，正視工作上的問題，也許目前有一些困難，但沒關係，一步步解開，不要這麼早轉移焦點，放棄工作。

想要興趣與工作結合，莫不是為了想要快樂。史帝芬斯——大衛德維茲的快樂調查中也發現，快樂的多寡和付出成正比。大家的認知中，快樂應該是不要太費力，所以自然會逃避某些辛苦的事。但實驗證明，快樂往往和付出成正比，那些不太費力的事，其實並無法帶來太多的快樂。因此經由大數據調查結論，最後他給大家關於追求快樂的忠告是——不要相信自己的直覺。

我喜歡把快樂比喻成一個化學實驗——快樂有物理變化及化學變化。「化學變化」是指因為物質分解或結合，而產生新的物質。譬如，木頭遇高溫燃燒，與空氣中的氧氣結合後，會產生火。火是新物質，你沒有辦法把火變回空氣或木頭。

「物理變化」則是受外在影響，暫時改變的狀態，狀態解除後，還是會恢復物質原本狀態，不會產生新的物質。譬如，水遇溫度低點結冰，但並不改變物質本身，一旦溫度回溫，又回復到液體狀態，不會產生新的物質。

興趣的快樂，是物理變化。因為你喜歡的事大都是你擅長的事，你本來就有這樣的基因和性向，再多一些也沒有太大的改變，活動結束又回到原本狀態，雖然舒心但也短暫。

探索的快樂，是化學變化。在挑戰困難或探索未知時，你當下甚至可能並「沒有」快樂的情緒，相反地，還會有很多複雜的不開心的情緒，像是緊張、擔憂、害怕。但當挑戰過後，發現自己做到未曾想過的事，那是一種自我實現的感覺，因為當中的煎熬，會讓你長出不一樣的肌肉。當開發出自己的潛能，你已經不是原來的你，這種本質上的改變，是一種化學變化，完成後這種快樂是巨大且持續的，能力的增長是永遠的改變，是回不去也不想回去的。

高層次的快樂是化學變化，低層次的舒心只是物理變化

所以如果要高層次的快樂，應該先搞定工作，而不是追求興趣。如果你理性知道，追求高層次快樂的途徑中，本會經歷一些煎熬，你就不會順應直覺，這麼快放棄白天的工作，甚至對那些挑戰充滿期待，因為山頭後面就是美麗的風景。

當你跨越山頭越來越熟練後，你看待「不舒心」會有不一樣的感受，因為每次跨越，你都得到高層次的快樂獎賞，這是一種心理學「操作制約」的練習。這種高層次的快樂獎賞，次數越來越多，會逐漸修正你對困難的直覺。自然而然，你的直覺會把緊張、擔心、憂慮都視為正向，而樂於嘗試，這正是外人所看到的工作熱情！**這其實是根據過往經驗，已經重新設定自己腦中對困難的直覺反應**。你會想迴避困難，完全是因為還沒有累積足夠的經驗，產生制約的效果，發展出校正過的直覺。

所謂的工作熱情就是這麼一回事，和有無興趣，其實沒有直接的關係。

你該放下摸索興趣，而在工作中尋找對自己真正有意義的挑戰，練習跨越那座山，看到前所未見的景致。到那個時候，也許你的想法已經改變，你的夢想已經變大，興趣也早已變得不一樣了。很可能你原來的困難也已經不是困難。

在三角形理論中，要加強自我探索，寧可澈澈底底嘔心瀝血地做好一件並不太擅長的事情，過程中得到的成長，勝過做十件很拿手或很有興趣的事情。在嘗試創新中犯了十個沒有重複的錯，會勝過做你駕輕就熟沒犯錯的十件事。這些有賴重新校正你的直覺，才會有探索的正向發展。在斜槓的理論中，進階的過程也會要求全面性的開發潛能，如果你有這樣的企圖，不如從你主要的白天工作開始，你應該把最好的精力放在更大的舞臺，對自己的未來才是對的投資。

興趣其實非常的重要，但不是用來兌換報酬

所謂興趣，是指「欣悅而樂於從事、樂於學習注意的事」。是一種人類在定期時間內，為了滿足對某些事物的濃厚熱情，而去做的空間活動，通常不是以賺錢或工作

為目的。

因此當你把興趣斜槓變成工作，就得考慮市場接受度、考慮是否符合他人的要求期待，這樣對興趣本身的探索值就變低了。興趣應該是一種好奇心的探索，沒有任何利益考量的追求，沒有任何外界干擾，當你開始探索一種興趣，不斷地突破後，最終會改變你的想法，回饋給你的人生和主要道路。很多科學家都有專業以外的興趣，這些好奇的追求，讓他們最終能以另外一個角度，去突破專業上的盲點。

譬如我認識一位美國東岸的小學老師，在學校教授科學課程，但下班後的興趣卻是從事與科學無關的「森林療育師」的工作。在疫情之後，我參與他帶領的森林療育活動，他揹著傳承自父親，用了四十年的竹簍，帶著我們在森林間緩步慢行，教我們與樹木對話，在大地獲得休息和恢復。他的興趣不但幫助了許多人更親近自然，也讓他從事的科學教育能跳脫制式的思維，更與地球環境連結，因此在科學教學上也獲得獎項。興趣可以讓你從另一個角度，看待自己的專業，獲得更多的靈感。

興趣應該是自由的，沒有任何利益名氣干擾，是一個很寬廣的世界，如果把它兌換金錢，開始變成營利的服務，等於是把原本寬廣的世界，又拉回到一條很窄的老路，期待他人的肯定。如果，你的工作和興趣都在窄巷穿梭，就難以成就一個大的夢想。先確認工作目的，讓興趣成為更狂野的探索，才能越活越寬廣自由，成為工作的養分。

自從前述十萬分之一的災難後，我開始對工作充滿了好奇，展開起點的探索，接下來，讓我告訴你我如何得到第一個工作。

3-4 快樂的化學變化

經過了聯考事件，與體制對抗的驚濤駭浪，我好像經過化學變化，產生了質變，我感受到自己已經比原來更「多」了，我感受到對自己和世界充滿了疑問和好奇。

如果從三歲上幼稚園開始算，到高中畢業也受教育十五年了，這十五年來念書和考試占據了我生命的大部分的時間，但我所學的知識，到底是不是一種能力呢？如果沒有使用，我就不知道答案。雖然大家都是等大學畢業，才會開始驗收自己的所學，但經過這一切，我不相信這種人生規劃，我現在就想要知道答案。於是在上大學前的那個漫長暑假，我用自己的方式，開始探索「工作」這件事。

十八歲的我，有什麼能力，能做什麼工作？我回想當初唯一打工拿過的報酬，是暑假幫爸爸的公司做一些電腦文書的工作，但我必須脫離這種父母想要給小孩有點事做的假性工作。透過探詢，我在外面找到一個打字的工作，把像磚頭厚的電腦程式語言書籍，在規定的時間內將手稿打成電子稿，以便排版印刷（可能是因為這個不合理的磨練，後來我打字速度和講話差不多快）。

打完一本書後，我的手也快斷了，覺得這條路行不通，但實在很難想出還能勝任什麼工作。畢竟除了念書外，高中前的工作的經驗幾乎是零，但我又覺得自己應該有點用處，於是每天「能做什麼工作」這念頭都一直在腦海盤旋，直到有一天，我陪媽媽在百貨公司逛街。當時有折扣活動，人很多、場面很熱鬧，我媽也加入戰場正在挑選衣服。我在旁邊看到櫃姐們忙得不可開交，其中有一位年輕女孩引起了我的注意，我估計她的年紀應該和我差不多，她居然也是櫃姐之一。

我腦中突然冒出一個念頭，於是擠到她身邊：「你在這邊上班喔？」她偏著頭看我：「對啊。」「要怎樣才能來上班呢？我也可以嗎？」「你也想要嗎？」我趕緊回答：「對啊，你可以幫我嗎？」沒想到她竟然很爽快：「好啊，你把電話留給我，拍賣季品牌都會缺人手，我若看到就打電話給你。」結果兩天後，我就接到她的電話了。

我的確展開鴻圖大業，但方式和想像中不太一樣。對一個聯考完、正值愛漂亮的青少女而言，在百貨公司上班簡直是老鼠掉進米甕。白天沒有客人的時候，我忙著在各專櫃間試穿，找自己喜歡的衣服包包鞋子，心想天底下怎麼有這麼好的事，還有人付薪水給我！我想我是樂昏了，在還沒有發餉前，就已經在各專櫃預定商品，等著拿到薪水就來「贖貨」。結果發現賺的錢根本不夠付，最後是請媽媽來贖衣，不然我面子掛不住。衣服贖了，人也被訓斥了一頓，我媽說如果再這樣得意忘形，就禁足不准打工，沒有第二次。

經過那次，我才將誘惑轉而欣賞。而我本來就喜歡流行商品，所以向客人推薦商品搭配、幫助購買，對我而言是熱情，沒有覺得是工作。沒想到因此創下業績紀錄，結果我成為熱門的代班人選，還獲得百貨公司的店長慰留，問我要不要轉當正職。

由於我的工作屬於代班性質，哪個品牌專櫃有請託就去哪裡，加上我的業績口碑不錯，結果一個暑假下來，我的代班櫃姐生涯，幾乎天天滿檔，而且遊走了各大百貨公司，販售過各種屬性的品牌商品，了解整個百貨品牌的基層生態，以及各種不能公開的櫃姐工作祕辛，甚至還有了第一次要債的經驗。因為有個品牌在撤櫃前，居然積欠我薪資，我絕不放棄地把錢追討回來，因為那可是我的辛苦錢啊，家人笑我終於體會賺錢的辛苦。

隨著暑期快結束，我心中有小小的憂慮，因為打工只能在暑假，我希望開學後還是能夠持續工作，但日間部的大學生能做什麼工作，我心中也沒有頭緒。在打工的最後一天，突然有幾個櫃姐來找我：「那邊有一個阿兜仔要買衣服，在她的專櫃，我們聽不懂，不知道要拿什麼，你趕快去幫她啦。」

我幫那位外籍女性建議搭配款式，最後她很高興地結帳，買了許多我推薦的衣物。等外國人一走，我才注意到旁邊有一排櫃姐，正在觀看整個銷售過程。其中一個說：「妹妹，你英文好好喔，雖然我聽不懂，但我知道你很厲害喔~」另一個則很開心：「謝謝你幫我推了這麼多，等一下中午去員工餐廳，我請你吃東西啦。」

對喔，我會講英文，我怎麼忘了。於是我馬上打電話，聯絡電視廣告常出現的知名連鎖美語補習班，詢問可有美語老師的缺，然後依約前往應徵面試。事前為了讓自己看起來年紀大一些，還特地去燙了大波浪長髮，打扮成非常美式女大生的模樣。

當天應徵我的是一位看起來非常保守嚴肅的中年女主任。一切都進行得很順利，直到她問了我一個問題：「所以你可以接什麼時段的課？」

「目前每天都可以，但十月後要等到大一入學才會有實際的課表，我是日間部的學生，不確定哪天下午有空堂，但我可以接晚上的班或周末的班。」

她全身像是被電到一樣，停止了所有的動作，然後不可置信地看著我：「你再說一次，你是說你現在連大學生都還不是？」

「我十月入學，下個月就是大一了。」

「所以你現在連大學生都還不是！」（她又重複了第二次。）

「但這和教英文有什麼關係呢？」

「如果是大學生打工的話，我也還勉強ＯＫ，但你現在連大學生都不是！」（她重複第三次。）

「但我十月入學，主修是日文，不是英文耶。」

她臉上收起了笑容，很明顯地對於我的回答，並沒有買帳。

「我還是沒有辦法接受，你還不是大學生這件事！」（她重複第四次。）

「如果我的英文程度測試沒有通過，那我就真的不夠資格。但如果你認為我應該多念兩年日文，再來應徵英文老師，這是一點都說不通的。我希望你能給我和別人一樣的公平應徵方式，你可以測試我的英文程度再決定嗎？」

這時她很明顯地生氣了，很誇張地吸了一口氣，沒有解釋就離開了會議室。我從會議室的透明玻璃窗看出去，她去找一位外籍男性，看起來應該是她的主管。不久那位外國男子進來會議室，開始和我用英文交談，詢問我目前所有的狀況，我和他談到一段落後，這位外籍主管打開門，對那位女主任大聲說：「I don't see any problem here!（我看不出哪裡有問題！）」並指示她趕快幫我進行排課確認。那是我人生第一個正式求職應徵的過程，我得到了第一個工作，成為了老師，那時我還沒有上大學。

如果沒有經過那場聯考與體制的奮戰，我就不會產生新的化學變化，長出新的能力和不同的思維，想去爭取工作。因為心中好像有某種能量被點燃，我覺得工作很有趣，我不是單指某項工作有趣，而是整體「工作」這個概念非常吸引我，因為可以持續發現一些原來我不知道自己有的能力，所以感到很有趣。我每天都想知道還會發現自己有什麼潛能。

諾貝爾文學獎的得主，智利的詩人聶魯達，寫了一首詩〈孩子的腳〉，開頭是這樣：

孩子的腳，尚不知道，自己是一隻腳，
它想要成為一隻蝴蝶或蘋果……

當我女兒還是 baby 正在學步的時候，我常看著她的小腳丫一下往東，一下往西，搖搖晃晃，好像她的身體是被腳帶著走的，自己也無法控制。腳丫的確像有生命的蝴蝶在飛舞，對四周的花朵好奇，有著自己的自由意志。而有時 baby 也津津有味地啃著自己的腳丫，像是啃著好吃的蘋果。Baby 因著好奇探索，每日不斷地使用她的腳，慢慢地腳變得可以控制，因為肌肉變得強壯，腳可以用來踢足球運動，長大後還可以踏遍世界各地。

此時腳才知道自己是腳。而我，在沒有工作之前，也不太知道我是誰。因為工作才慢慢知道，原來我是這樣的能力組成；就像那隻腳，慢慢知道自己原來是腳，可以穿過沙漠，可以穿過冰原，可以去任何自己想去的地方。

3-5 —— 錯誤路標三：金錢

以薪水高低做為工作成功與否的指標，好像是普世價值。把錢當成目的是職業，如果是工作，那錢是伴隨而來的一個好處，但絕不是目的。

由於工作的意義無法量化，所以很多人用錢的多寡，當作職業選擇的基準。尤其網路時代，讓凡事都可量化的概念更加理所當然。各種觀點只要挾有大量的數字正義，有了流量的保證，就有了金錢的保證，就成了王道。錢以點閱率、手上的名牌包、房子的總價，各種不同的計算單位出現。數值越高，往往也容易被當成更有意義的假象，挾持著你的感官，很容易讓你失去了自主性，但量化的測量是沒有生命願景的。

人生真正重要的事，往往無法量化，像愛、自由、良善、品味、快樂，這些無法測量的事情，才是真正的構築你的人生的意義所在，而不是金錢或任何可以測量的數字。

因此，如果想得到滿足，並感到意義，我們的工作也必須建築在那樣的事情上，因為我們大部分的生命時光都在工作。因此當用可量化的目標，去追求不可量化的人生的意義，會感到空虛是理所當然。

以錢為工作目標的人，常會說：「等我賺夠錢，就可以不用工作，到時想做什麼都可以。」覺得追逐金錢是通往自由的人，彷彿他換得的是一張彩券，一張可以實現任何願望的彩券，一種合理化眼前先向錢看的想法。當大家都想努力追求財務自由，卻忽略了這句話也同時表示：在那一天到臨之前，你是沒有自由的人。

為了追求「將來的自由」，所以拿「現在的自由」去交換，這邏輯並不合理。如果自由是你的目標，你應該努力的是，現在如何得到自由，而不是說服自己現在犧牲和放棄自由。而且從醫學角度來看，拿自由去交換，還可能會永遠失去自由。

我的好友楊純鑾，有精神醫學及藝術兩者兼具的專業學術背景，專攻藝術治療。她和我分享在法國的安養院做實習研究時，觀察到老年逐漸失智的狀態，不是我們以為「不記得」大部分的事，而是「只記得」以前最常做的事，最後人生彷彿被凝結在那個狀態，不斷重複那個經常。於是有人面目可憎，因為以前常罵人；有人常常在哭，因為以前總是哀傷……

你想要成為什麼狀態，不是等有一天才做，**要人生中大部分的時間都在做**，才會真的成為那樣的狀態，你累積什麼就會得什麼，人生在這一點是很公平的。

如果為了提早退休的財富自由，讓你年輕大部分的時間，都背離內心的自由，那你最會的事是「等待」自由，而不是得到自由，你千萬別騙了自己。

一位我認識的長者，到晚年失智時，仍然常常走回他工作了一輩子的醫院辦公室，因為是他人生大部分的記憶所在。這位長者是一位慈祥的醫生，很高興他仍在自己行醫的回憶裡，我相信那是他認為極有意義的事。我希望當我們有一天身體記得的，是我們希望記得的事。

你想要自由，你現在就要在那樣的狀態。不然當自由來臨時，你往往只會做你以前

最常做的事。我看到很多自稱財務已經自由的人，仍然繼續從事自己最擅長的事——累積金錢，或是乾脆開始傳授別人如何追求金錢。而許多追逐金錢的人，最後的人生真的也只剩下錢，只能談如何賺錢。「做什麼都可以」是一片空白，而不是答案。

人類大概是所有動物中，唯一發明貨幣制度，讓我們可以不需要以物易物，而是用貨幣來交易。但最後卻有很多人類越來越會蒐集貨幣，囤積超過需要的貨幣，卻忘了去探索，到底貨幣要用來做什麼？因為你的貨幣都是用生命時數去換得，就算你換成全世界都羨慕的財富，也是一場最不划算的交易，又有什麼意義呢？

根據我手邊一份美國一九五八年發表的調查報告，當時美國人平均一年工作兩百五十天，和現在差不多。調查中將各項花費的占比換算成天數，結果顯示占比最高的項目是「食物」，占兩百五十天中的六十七天，也就是一年中，超過四分之一的工作時數，是為了基本的食物需求。

以今日而言，食物的取得相對容易，隨著收入越高，基本維持的占比應該就越低，你的自由度應該越大。如果不是，你大概餵養了綑綁你的欲望，那樣的終點，絕對不是自由。

自由不是不工作不努力，自由是從事對自己有意義的工作，如果你還不知道那樣的工作是什麼，應該藉由工作去探索答案，而不是等存夠錢再來找。

自由，會讓你的心智受到檢驗，必須承擔責任。沒有自由地被指使，反而大可以大手一揮，說都是別人的錯，自己是不得已。自由是困難的，被指使是容易的。因此自由的能力，也不是想要就馬上擁有。想要自由，現在開始就必須是自由的，因為自由，是一種需要經時間淬鍊的能力。自以為等財務自由再擁有，只怕你已經失能。你的生命何其寶貴，你怎麼能拿它只是換成籌碼？

有無自由的差別，在工作初期並不明顯，但一經時間累積，所構築出來的人生就會有很大的差別。而當你不再以錢為前提，你對工作的選擇，才會像潘朵拉的盒子般湧出各種可能。

如果沒有拿掉錢的濾鏡，未來能讓你快樂的實現人生意義的工作，可能永遠也看不見。接下來，我要告訴你，我人生第一次拿掉錢的濾鏡，所做的工作選擇。

3-6

絕不交換的自由

當我終於如願展開英語教學的工作，結果不到一個月，便發現這個工作環境並不適合我。而且我被女主任再三警告，上課時教室傳出太多歡樂的笑聲，要我好好檢討，看來她認為，要含淚懸梁刺股才是學習態度，怪不得許多學生越補習越討厭英文。

雖然好不容易才得到這個工作，但這裡無法讓我進行探索，於是我開始打聽，在這個行業裡誰是真正最頂尖，能夠讓我發揮，我要加入他們。

當時有一個從美國來臺設立的教學品牌，其教案在美國七千多所移民小學全面使用。我看到教案編排結構豐富完整，方式與當時臺灣本土的補習班都不同，不是填鴨式教育，而是以英語教育孩童關於動物和世界的知識、周遭的善良和愛，極具人文素養，我非常能夠認同，因為我深信，語言只是一項工具，我們要藉由語文學什麼才是重點。

這個品牌當時剛跨海而來，開始招兵買馬，願意給最好的待遇，但應徵標準堪稱當時業界最嚴格。首先，只能使用英文教英文，不能使用中文，教師英文程度必須與母語人士相等，因此不分中外國籍，都平等地考同一個試，用同樣的標準敘薪，不像其他本土學校還分中師外師的差別待遇。只有一種師資，他要最好的英語老師，就這麼簡單。

整個課程設計為三年半。學生每升一級，老師的資格也同樣需要再升級認證。並且當時每一級的晉級考試都是實境考試，我至今印象深刻。當天同梯次要進行晉級考的老師，全都充當被教的學生，坐在同一個教室中，然後抽考下一級的教材，請你上臺去教。除了檢驗你所消化的教案技巧外，監考官和假學生們會負責製造麻煩，演出各種不受控制的學生，製造各種學習問題，看你如何應對各種狀況，全程都在打你的分數。

我在總部經過多道過關斬將後，終於要出任老師，當時的督導和我面談。

「我們覺得有一個學校很適合你。」

「真的，地點在哪裡呢？」

「在你大學的附近，你應該很方便。」

「太好了，什麼時候可以開始呢？」

「嗯，這要看狀況？」

「什麼狀況？」

「那裡還沒有學生，這是一間全新的美語學校。」

「一個都沒有？」

「對，零個。所以我們覺得你最適合。」她笑了起來。

我不知道他們到底看上我哪一點，敢把一個菜鳥放去新學校打前鋒。但沒多久，我居然為這所新學校招進了四百多位的學生，讓總部和分部的老闆很開心。

其實我心裡並沒有在拚招生，我根本不在意收了多少學生，我的目的是對教學這件事充滿了探索的好奇，而這個好奇帶給我極大的動力。我當時教的是兒童美語，大多是低到中年級的孩子，他們都初次接觸英文。我發現教兒童比教大人和大孩子困難，因為大人會維持基本的禮貌，不會在地上撒野；另外大人如果英文學不好，因素很複雜，老師只是其中一部分的因素，並不擔負全責。但孩子不同，如果教學無趣，就直接開始搗蛋、放空、滿地爬，年紀越小就越不給面子；而且孩子是一張白紙，會不會教，全反映在孩子的身上，沒有其他的因素，老師就是全部的因素。

這個工作最吸引我的地方是，當透過我的教學傳達，讓孩子從零開始，變成會字正腔圓的英語發音及用字，這整個過程讓我感到好神奇。一個美好的能力和知識，從我的身上傳遞到另外一個幼小的生命，然後變成他們的能力，我感到極大的喜悅和成就感，迫不及待地想要帶著他們征服下一座高山。

我也發現了一件我之前不知道的事，那就是，「自己會」和「會教人」是兩種不同的技能。因此我們常常看到，很厲害的專業技術者，不一定很會教學。而一個很厲害的老師，需要兩種都會，不是一種。

這個領悟改變我很多，了解溝通和傳達的方式，必須要因人（聽者）而異。這些孩子是我最嚴厲的老師，為了教授我所知道的事，我必須先了解我要傳達的對象，每一個孩子都不同，我得精緻地把所教的內容，裁切成對方大小適口的分量，剛剛好讓他消化。我必須用各種角度去思考，是以接受者為主，不是以我為主，才有可能把原本在我腦中的知識順利傳遞出去。

這對任何一種溝通，都完全適用。

於是每一堂課，我都很用心準備，絞盡腦汁如何把教案的內容，成功轉換成有趣吸引孩子的教學，並且依據每班的學習差異性，不斷不斷地微調。有時，我感到班上有孩子跟不上，我還會另外和孩子約額外的下課時間，換一個他能懂的方式教他，我沒有加收任何鐘點費，我只是好奇，如何才能打開每個不同孩子的心智接受器。

很快地，我的教學馬上有了名聲，只要我開班永遠是滿班，而且續班率總是百分之百。我的教學挑戰越來越大，只要有招生需求，學校就會在周末廣發宣傳單，廣告有免費的示範教學。

在周末的下午，學校會聚集幾百位因傳單而來的家長兒童，因為傳單上寫著「Emily 老師會讓孩子在二十分鐘內，用英文學會英文」。當時我也不知道自己怎麼發展出這個絕活，學校會以二十分鐘為一個單位，高薪付費給我，請我示範教學。

面對著上百位陌生且年齡不一的小朋友，我拿著麥克風，一次又一次地「表演」

英語教學，這真是有些瘋狂，怎麼會有人把英語教學演變成一場秀？但因為現場的教學很成功，報名人潮都要指名 Emily 老師的班，而我根本接不了這麼多班，老闆又不想流失生意，就推稱所有的班級都是 Emily 老師教，後來許多家長發現沒有上到我的班，開始向我「客訴」，最後導致我必須要開自己的補習班來消化這些學生。

每天大學日間部下了課，我先去美語學校，再趕去我自己開的補習班，這樣趕場的結果，久了發現體力和時間上實在吃不消，而且我還有白天的課業，於是和補習班老闆溝通，希望能夠不要再借名操作，他也希望我不要在外接班。協調後，我收了自己的補習班，晉身為美語學校的管理者，負責管理所有中外師資，另外也答應幫老闆開設一間雙語幼稚園，將學生範圍拉大到從兩歲起。

當時我擁有超多小小愛慕者，走在路上常要留意四周，因為冷不防會聽到稚嫩的聲音尖叫：「Emily～～～」然後就會有孩子不顧危險，衝過對向車道要來抱我，以致險象環生。每一天，我走進教室，都不知道這些可愛小小人，又要講出什麼讓我非常感動又笑到流淚的話，我把他們全部都當成我的孩子。有次我看到下課落單的小二生 D，他說因為爸媽還沒下班，還得去上另外一個課，我看 D 有些落寞，於是要他坐上我的歐兜賣（我為了教書，還學會騎車），我載 D 去另一間補習班上課。他開心到爆，因為騎車時我的長髮飄到後座，都撲到他的臉上，後來他在學校不停地說，只有他知道 Emily 老師頭髮很香這件事，笑倒一堆大人，但惹得其他小朋友很生氣。

雖然好像是我在付出，但這些孩子也同時豐富了我的生命。

為了這些孩子們，我整個大學四年，每天最後一堂課，絕對坐在門邊位子，準備下課鈴一響，就衝往美語學校教課，所有的周末假日也都在教課。有一次身體有外傷，縫了幾針，我也還是去教課。我把我所有的時間和精力都貢獻給這個工作，不是為了錢，錢沒有這樣的動力。是為了探索，為了愛，為了這些交託給我的孩子，他們讓我覺得，當時我念了兩所大學。

大學畢業的時候，我已經是最高主管，只為老師做示範教學，和督導、訓練補習班的中外師資，管理校務編寫教案，與家長溝通，也就是說還沒出校門，薪水已經很高。大家看到我在教學上的成績，都覺得我天生是吃這行飯的，加上當時的兒童美語補習班市場開始蓬勃發展，利潤頗豐、大有可為，大家都想投資我開設美語學校，加上我已經在這個行業投入了這麼多年的心血，又有深厚的基本學生群。

如果是為了快速累積財富，那真是我當時該繼續發揚光大的工作選擇。但我覺得還有好大的世界沒有發掘，錢不能夠限制我，讓我繼續做著熟悉又重複的事，雖然很愛我的工作，但我已經完成三年半的教學，並且開創了雙語學校，我認為我的探索已經到了尾聲。即使有再多的報酬也不會繼續，不是不愛，而是還有別的要愛。因為隨著畢業，我又長出新的能力，那就是我的日文能力，看到這裡你應該不意外，我會頭也不回地往一個新世界邁進。

我把自己重新歸零，如同所有要踏入社會的新鮮人一樣，從頭開始。當時，每一個人都不理解，為何我把打下的江山就這樣斷送了，但我相信這個世界還很大很大。你沒有看見的未來，不代表不存在；你所看到的現在，並不是未來。我講這個例子，是希望你不要被眼前的錢途所困住，對，賺到錢卻有可能是被「困住」和「綑綁」。

於是我開始尋找工作。熱門標的從來不在我的考量之內，我只考慮探索值。

在我畢業的年代，並沒有為畢業生所服務的人力銀行，唯一的工作仲介是獵人頭公司，但大都為高階主管服務，而非社會新鮮人。有了美語教學和管理的經驗，我當時就自信滿滿地自己去找了外商的獵人頭公司。雖然不知道要找什麼工作，但我很清楚我要探索使用什麼能力。

當時我是這麼跟獵人頭公司提出要求：「我要找同時需要使用英語和日語的工作。」

「同時？你可以挑一樣嗎？」

「不行，我要兩種都要。」

「你要當翻譯或口譯嗎？」

「不要。我要工作上需要用到英日文，但我不是要當翻譯。」（自知個性不適合。）

「這很困難。」

「任何工作都可以，只要有同時用到英日文。」

「你堅持要英文加日文，又不要做翻譯，目前沒有這樣的工作。要不要改一下，講英文的外商或講日文的日商，這樣的選擇很多。」

「對不起，我堅持一定要同時有用到英日文。」

「那就很抱歉了，目前沒有這樣的工作。」

大約過了一個月，這間獵人頭公司打給我：「我們覺得這可能是你想要的，工作要求必須具備中英日語能力。」

「真的，什麼公司呢？」

「這有點複雜，我給你地址直接去應試吧，他們會和你解說。」

我到了指定的地點，看到辦公室裡滿滿的搬家用空運紙箱尚未拆封，很多日本人正在紙箱間穿梭。最高主管向我解說，這是日本石油探勘公司的三號探油船的事務所，將要進行臺灣外海的石油和天然氣鑽探工程，這是臺灣政府開的國際標案，所以他們要馬上履約，將探油船開來臺灣外海進行油氣探勘。而溝通上，由於是日本公司，所有內部的溝通必須是日文，但探油工程師來自全世界歐美亞洲各國籍都有，必須統一使用英文，與臺灣中油公司及當地供應商的溝通則需要中文。因為工程在即、時間緊迫，只要會這三種語言，即使沒有鑽探經驗，也考慮錄用。

隨著他的解釋，我心中越來越興奮，因為每一個字都像來自外太空：探油船、天然氣、石油、海洋、日本……沒有一個字是我生活內可想像的。

我一邊回答面試的問題，旁邊剛好有人拆箱後把箱內資料拿出來要傳給另一個人，我眼睛餘光瞄到，就順手接過來傳給他要傳遞的人，但同時還一邊回答所長的問題，並沒有間斷。可能因為這樣，讓他們頓時覺得有了團隊感？據說，當時他們一群人在我面試時，從我背後的辦公室隔板旁跳起來，向所長用手勢比著：「請就錄取這一位吧。」

就這樣，我進入一個新的探索的起點，充滿了興奮。我不會為了將來的財富自由，而犧牲現在工作選擇的自由，那是我最寶貴的東西，絕對絕對不換。

PART 4

歡迎來到拼圖大學

4-1 尋找天賦禮物

每一個人都有天生的好奇心。有次在臺北街頭路過一家店，外面長長的人龍好驚人，我雖不知道在賣什麼，但寧可排錯也不要放過，立刻加入陣容。我相信很多人都排過這種隊，這種對美食的好奇心，簡直是國粹。

自從有了網路以後，人們的好奇心更是無遠弗屆。為滿足大眾的好奇，各種窺探、跟拍、捕捉野生名人……使得人人皆狗仔，隨處都有料可爆，網文中越涉及隱私，點閱率也越高。好奇心，甚至可成就一個商業模式，譬如，只要介紹某個名人的私選，去過哪間餐廳、用過哪些商品，大家就會好奇地跟進。

這種好奇的心態沒有不好，但如果你對別人比對自己更好奇，這樣的順序就不好。**我認為好奇心的關注，首先要用在自己身上，之後再去關注別人。**講起來很容易，但執行上很困難。

因為我們身體的構造，就是利於觀看他人，不利於觀察自己。如果沒有藉由鏡子或工具，你可能一輩子都不知道，自己的外表到底長什麼樣。難度更高的是，你的心，甚至用鏡子也看不到。

因此如果你沒有刻意將關注收回來，我們唯一可能忽略的，就只有自己而已，卻不自知。每天只要一打開手機，所有的力量都把你的關注往外拉，除非你自己能把關注往心裡拉。這是一場拔河的競賽，如果目前為止你還沒有參賽感，你得為自己的心多加油。

韓劇《我的出走日記》女主角廉美貞說，小時候上教會，看到朋友們寫下的禱告事項，不外乎希望上帝保佑理想的成績、理想的學校、理想的人際關係。但她覺得很驚訝，禱告的對象是神耶，大家居然只求這些？面對神，廉美貞只想知道，我是誰？我為什麼出現在這裡？這個世界沒有我以前，和有我以後有什麼不一樣？

我沒想到編劇朴海英寫到了我的內心獨白。我就是這樣疑惑著，所以想要踏上月球般的工作，想證明我曾經來過，如果踩在大家都走過的道路，足跡太多，我就分辨不出自己的腳印。找到獨對我個人有意義的事，這是我心的需求，還好我很早就聽到了，我沒有答案，所以我帶著我的心去尋找，一步步地發現，慢慢地蒐集各種我會來到地球的特殊原因。

你難道對自己不好奇嗎？有沒有想過自己可能有著和別人都不一樣的需求和滿足？自己的才能和潛力也許是與眾不同？沒有人可以為你回答這些問題，你，是唯一該去尋找答案的人。

沒有追求，就沒有答案。如果你都不在乎自己，那世界上，又有誰在乎呢？

好奇心可以走多遠，成就多少呢？

我曾與一位法籍攝影師合作，這位攝影師善於拍攝時尚的商業攝影，在紐約及巴黎都有工作據點，請他拍攝費用非常高，而且檔期還必須很早敲定。但你只要和他合作一次，就很難屈就與其他攝影師合作。

一般的攝影師，我們可能從所拍攝的照片中挑選最好的幾張，拿來做為主打。但他按下快門之後，沒有普通好的照片，每一張都好到可以上廣告，每一張的意境都可以單獨表述，百發百中，這就是他貴得有理，還不一定敲得到檔期的原因。

我喜歡與充滿才華的人做朋友，拍照工作之餘，我們也常吃飯聊天。我對於他人發掘潛能的起點，總是充滿著好奇，我問他一開始是如何發現自己有攝影的天賦。

他說小時候在德國長大，家中經營餐廳，有一天餐廳的廚師買了一臺很貴的相機，但是廚師是移民，沒讀什麼書、德文也不好，無法閱讀厚厚一本的德文說明書，加上餐廳大人都很忙，於是廚師把這本說明書交給他，請這個一點也不忙的小孩研究一下，然後再口述教他怎麼用這臺相機。

他為了要教廚師，於是扎扎實實地把整本相機說明書，從第一頁研究到最後一頁，最後學會了相機的操作，不但完成任務，也開啟了自己對攝影的興趣。

相機說明書，可能是天底下最無聊的讀物，你我不知曾經丟過幾本，也許曾經為了某種功能查閱過，但真的從頭讀到尾的人，我還沒遇過半個。

好奇心＋無聊的相機說明書＝發現一整個沒有看過的世界

以我的經驗，一旦開始啟動好奇心，整個世界都會變得不太一樣，我認為甚至充滿了奇幻和魔法。我從工作和生活中，一次又一次地啟動好奇心，得到過太多想像不到的生命體驗。包括目前在閱讀這本書的你，都是我奇妙旅程的一部分，因為我好奇：生命能不能影響生命，帶給他人美好的生命禮物？所以寫下了你正在閱讀的字句。

構造比相機更精密的你，到底還隱藏著什麼潛力呢？

相機有說明書，但自己來到這個世界，並沒有附說明書。因為生命有無限的可能，待你去發掘，這不是一本說明書能夠寫完的。越多潛能被發掘，人生的選項就越多，人生的願景也會越廣闊。但是否解鎖潛能，決定於你對自己有多好奇。

還記得你是孩子的時候，對自己依年齡增長的「能力」，都迫不及待地想要體驗：只要我們再高一點，就可以拿到媽媽藏在櫥櫃中的物品；只要再多幾歲，就可以考駕照，能騎車或開車，要去哪就去哪……我們迫不及待地想要盡快感受擁有那個年紀的能力，好奇那是什麼樣的感覺。

我認為，發現前所未有的能力，就好像發現新的魔法，是一種「自由」的感覺。

但很可惜，大家社會化後，對於自己隨年紀增長的能力想像，也就慢慢停止了，魔

法，也就消失了，心也越來越不自由。

將自己的潛能開發出來，是一個特權，不是必須。

不開發自己的潛能，也可以把這輩子過完，甚至還拿著很好的薪水，而且沒有人會有任何意見。但不斷被發現的潛力，就像不斷發芽的植物，有生命的跡象，有活著的感受。

你有沒有真正地「活著」？答案，只有自己知道，你虧欠的是自己，不是別人。

沒有一個人的潛能，是與他人完全相同的，即使在同一個家庭，兄弟姐妹各自也有著截然不同的個性。但成年後的大家，卻都好努力地活成標準（自認完美）的一般人，忘了自己是如何獨特的一個存在，埋有潛能的禮物等待被發掘。

「天賦才能」和「禮物」，在英文都是同一個字——「Gift」

天賦才能，的確是一個生命的禮物，它與生俱來，但不見得此刻你能夠看得到。因為禮物，就是一種意外的驚喜，只有在特殊的情境，才會讓你的禮物／天賦才能，得以顯現。而沒有什麼比工作，更能提供特殊環境，探索自己的潛能。從這個角度來看，工作是一種工具，更加值的好處是，探索的同時，公司還會感謝你，並獲得報酬。

很多人以為，追求人生意義需要遠離人群，不在紅塵中打滾。事實上，我們可以積極地參與人群，一面仍能追尋自我，只要我們一步步都很清楚地知道，我們為何而工作著。我們可以同時成就他人，滿足世俗的要求，又不犧牲追求自我的人生意義。是的，我們可以兩者兼顧。

很多人都知道要愛自己，以為就是讓自己吃好用好，但那些物質可以供給的，其實相對地容易。最奢侈的愛，是對自己投資心力和時間。如果你真的愛自己，無論你是男性或女性，都要有追求自己的耐心和好奇心，去展現自己前所未知的能力，讓自己的潛能被世界看到、被理解。

你這輩子起碼要這樣愛自己一次，把好奇心用在自己的身上，才是真的愛自己。這世界上，沒有一個人是沒有禮物的，一個都沒有。有的是，沒有發現禮物的人。

好，我知道你準備開始了。接下來讓我們一步步來看，如何從工作中慢慢解鎖對自己的理解。也許你會發現，原來你認識的自己，只是好小的一部分。

4-2
蒐集能力拼圖的方法

前述的自我認知的三角形，是俯瞰整體職涯的過程。如果我們聚焦，甚至用放大鏡來看「自我認知三角形」的組成，你會發現，是由大小不一的能力拼圖碎片所組合出來的全貌。

一般的拼圖遊戲，是看著完成圖，然後一步步拼出接近完成圖的畫面。但你那神祕的拼圖並非如此。首先，這個世界上沒有一個人知道自己的拼圖最終會是什麼模樣，但這也是最有趣的地方。如果你對自己不好奇，那這幅拼圖的謎團就永遠不會被揭露，即使是驚天動地的曠世鉅作，也永遠不見天日。

此外，這幅拼圖，只能自己動手拼，無法請人代勞。即使是最愛你的人，你的父母、你的配偶也沒有辦法幫你拼圖，就算嘴裡含了一打金湯匙的人也不例外，關於人

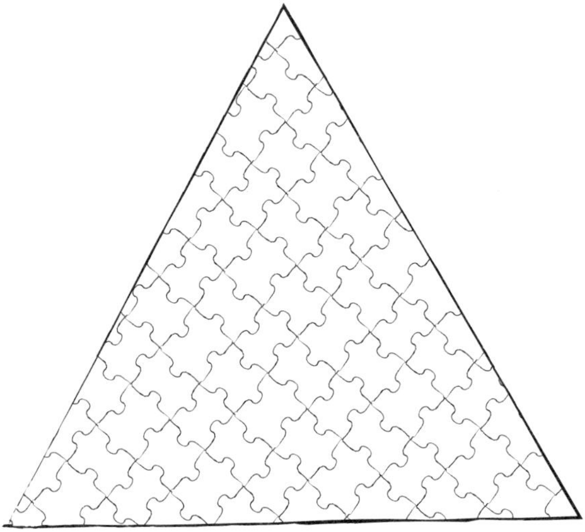

自我認知三角形的構造

是由不同大小形狀的拼圖片組成的

生，這點倒是非常的公平。（所以千萬不要為你愛的人拼圖，會適得其反。）

相信我，所有你現在所看到和了解的自己，都還只是最終拼圖的冰山一角而已！即使我這麼重度探索，工作了幾十年，至今我還不斷經驗自己新發現的拼圖片，而這些拼圖的過程，都不斷地擴展我人生的奇幻旅程。

如果你覺得自己的人生和工作很乏味，那鐵定並非在進行蒐集能力拼圖的狀態。上帝造人，每一個都有受造的目的。世界上沒有一個平庸的人，沒有一個不持有寶藏的人，你只是不了解挖掘的方法，以致徒勞無功。沒關係，我們只要調整好方向，就會蒐集到世上最珍貴的拼圖。讓我們來了解遊戲規則，一起看看要如何有效率地蒐集自己的能力拼圖。

拼圖的遊戲規則

當經歷一個具有探索實質的工作，你就會獲得一片能力拼圖。越拼越多，你那獨有的生命樣貌，也就日益成形，對自己是什麼樣的組成和具備的能力越來越明白，這種理解是全面性的，不會只呈現在工作上。自然對人生正在經歷的所有事情都更加有把握，做決定也越趨篤定，因為你非常了解自己。

反之，不多的工作經驗，等於是手中只有一兩塊拼圖，卻想要決定一生的志向，有如瞎子摸象，當然錯誤的機率非常大。並且，隨著我們經驗的事物，我們的內在也會不停地改變成長中。怎麼可能在學習初期，就以非常侷限的自我認知，來設想自己的職涯？也因此，大部分的人可能是根據別人所拼出的人生來構想自己吧，這樣當然在職涯選擇中，有著不是自己想走的路的無奈。這也就是本書一開始所說，自我認知和工作範圍皆呈現正三角形的矛盾狀況。

你說，我已經在這個工作做很久了，也沒有什麼新發現和進展啊！可見並不是工作越久，就會自動增加對自己能力的了解。因為並非所有的工作經驗，都能夠直接轉換成能力拼圖。**必須對你而言，有「實質的探索意義」，才會得到一塊自己的拼圖。**什麼是「實質的探索意義」？就是原來你不知道自己會做，但經由這項工作，遇問題解題的過程，彷彿一個實測證明，你其實具有這樣的潛能。經過這個工作，你解鎖了之前不知道的能力。

如何有效率地發掘拼圖片

當進行海上石油探勘時，每一艘探油船在油井開鑿前，都必須與地質學家做所有的研究和估算，做開鑿前的準備，因為海上油氣探勘工作，除了是很大的投資外，還肩負船上數百位人員的生命安全，因此務求在最短的時間內，安全有效率地完成探勘。

而挖掘你的能力寶藏，也是同樣的道理，工作花的是你寶貴的生命力氣，我想沒有人不想知道，直通寶藏的直徑是什麼，以求有效率地完成。

因此，到底什麼樣的工作會得到最大最多的拼圖呢？這樣可以有助於我們更快看到拼出的全貌。答案是，**探索性質越大，就會蒐集到更多更大塊的能力拼圖片**。以這樣的標準來說，如果你眼前有十個工作選項，對你而言各有不同的挑戰程度。**挑戰最大，未知性最高，你沒有把握的，就是回報最大的拼圖來源。你應該盡一切能力去做好準備，接受挑戰**。

咦，這好像和世俗的價值觀相反？通常我們都會羨慕錢多事少離家近的工作，如果有人得到爽差事，坐領高薪或是鐵飯碗，我們還會羨慕他呢！十個工作中，我怎麼會挑一個挑戰最大，最沒把握的砸自己腳的工作呢？

你這個疑問是正確的。因為這個理論，正是要開始構築你與世俗不一樣的價值觀和想法。之前，也許你沒有理由這麼做，但現在你有了。

一個沒有目標的人，當然是躺著比坐著不累，坐著比站著輕鬆。但你不想這樣度過人生，這是為什麼你會買這本書的原因，因為你總覺得，工作和人生不該只是這樣。那個「不該只是這樣」，就是一個火苗點燃的開始，當你開始往這個方向去挖掘，火苗會變成追求自我的熊熊火焰，充滿著對自己好奇的熱情，帶著你往前行。

重新校正自己的直覺

有實質的探索意義，是以行為者——「你」為標準，不是以眾人為標準。因此唯有你能夠誠實地回答自己，有沒有處在實質探索的狀態。

要養成這種自我檢閱的習慣，一開始可能會很不適應。被「探索校正」過的直覺，會和普世價值或他人的想法不同。譬如眼前要做的事情是非常拿手的，一般人會認為這是「好事」，但對被「探索校正」過的人來說，則是一個「壞事」，表示只是再重複一次已經會的事而已，並沒有新的學習。至少要有一個新的探索元素，或增加挑戰的難度，才值得去做。說白話一點，沒有獲得新的拼圖片的話，只是浪費人生，你不需要花力氣蒐集一模一樣的拼圖，這對你待拼的部位一點幫助都沒有。

當這種「探勘校正」過的直覺，慢慢成為你的自然習慣後，你會以正面、積極的態度，去期待自己與未知的對應，好奇會發生什麼精彩的火花。因為一直被挑戰而更新，會讓你的思考越來越靈活，並富有創意。

以我與各企業的互動經驗來看，企業極需要重視，並有能力留住有探索特質的人才，才不會被未來淘汰，因為總是會有新的企業帶著更好的想法，或新的人工智能有更快的處理方式，那一天總是會到來，企業現在就必須為未來做預備。企業擁有越多具探索特質的員工，就越有迎接未來的能力。

一個具有探索特質的人，內心雖是為自己蒐集能力拼圖，但從外表看來，你不斷自發性地在工作上做各種突破，雇用你的企業也會同得益處，你很難不閃耀！一件事可以同時成就自己和他人，是何等的美妙。

隨時自我檢測

時時刻刻提醒自己，目前的工作是否有能蒐集到拼圖的特質：

- 此刻的工作有任何探索的成分嗎？
- 沒有的話，可以做什麼調整呢？
- 有的話，占了多少比重？還可以再更多嗎？

這段蒐集能力拼圖的旅程，並不需要拼完才會有寶藏，隨著自己的潛力逐漸發掘，樣貌日益清晰，寶藏是一點一點地揭露的。所以一邊探索，會一邊得到寶物，每當你又拓展了對自己能力的理解，這種過癮的經歷，勝過任何的獎賞，腎上腺素的分泌會讓你想要馬上再來一輪挑戰。

這就好像很多人出國旅行，連日逛街踩點加上搬行李，早已經鐵腿，回到家都累攤了，只想在家休息並說以後再也不要出門了。但等到體力一恢復，回想旅行中的種種興奮，很快地又開始計畫下一個行程。你為蒐集拼圖所經歷的冒險，也會有這種旅行的心情，雖然比從事熟稔的事務來得耗心力，但就像一段精彩的旅程，你會有滿滿的回憶、說不完的故事，會不由自主地想要挑戰下一塊拼圖。

當你開始有這種想法和念頭，其實就是在追求一種自我的價值。有了這樣清楚的目的性，會讓你對工作有不一樣的衡量與行動。請維持這樣的思考習慣，接下來我們要用這樣思維，去評估思考許多職場中大家習以為常的觀念，並進行重新校正。這些觀念，我無法在書的一開始給你，但現在，我覺得你應該準備好了。

4-3 —— 拼圖大學校規

即使你不是電玩的愛好者，但從小到大應該也多少有玩過，這種以局計的電玩遊戲在限定的時間要闖關成功，不然秒數用盡，積分未達標就失敗，遊戲結束。如果你的技術很差，第一局一直無法過關的話，沒多久你就會覺得無聊、不想玩了。

很多初階的工作內容，就像電玩第一局令人感到無趣。於是初階工作者，常感到浪費生命的徬徨，看不見有什麼是你命定的工作。你心想：「那種我理想中會充滿熱情，又能發揮所長的工作，不應該長這樣啊！」於是你花很多時間考慮：要不要辭職、要做什麼才好、要斜槓嗎？其實即使想破頭，你現在眼中的選擇，在未經自我探索前，呈現的機會其實和沙漠差不多，不論哪一個都不夠好。

但有一天，你看到朋友打電玩破關，進入第二關時，局面和第一關大不同，前方展開完全不同的地圖，還有城堡王國、新的坐騎，連頭上的頭盔都有官階，看起來有趣極了，和第一關大不相同。

如果你把職涯探索的過程，想成是電玩的闖關遊戲——你不會花所有的時間在抱怨第一關，怎麼沒有特效武器、怎麼場景只有一個、怎麼這麼無聊……因為你知道這些都是廢話，**這個遊戲的設計有好多關，很多人都在更複雜精彩的級數，只要想進入更有趣的場景和畫面，就得晉級。**

很多人以為，自己對目前的工作沒興趣，往後也沒有想要往這個方向發展，也不想在這家公司晉升，所以不想花太多力氣處理目前的工作。**但其實努力晉級，和你想**

不想在這個工作領域發展，一點關係都沒有。想得到更多的機會，就必須站上更進一級的臺階，才看得到機會浮現。未來的發展機會，和臺階的高度有關，和是否有興趣無關。將來有一日，你會有機會往興趣發展，但現在你得先晉級才能把腳墊高，不然什麼機會都看不到。

世界要看的不是你喜歡什麼，而是你會做什麼，這個世界等著看你有什麼能耐。把工作做好是一種能力，不分類別。一個可以在 A 表現優異的人，在 B 也會同樣傑出。不太可能在有興趣的工作表現優異，在沒興趣的工作上一無斬獲。初階的工作，等於是大學必修的通識科目，在通識科目裡挑喜歡什麼，是沒有必要的，你需要的是拿下學分。

因此在初階的工作要闖關成功，「會」什麼比「喜歡」什麼重要。要比的不是興趣，是能力。太多人浪費時間在考慮自己的興趣在哪裡。

電玩要破關，你必須想盡辦法，去看攻略祕笈或看別人破關，記下到底要在哪邊多吃幾顆大力丸，可以增加五百分；右邊多擊中幾隻怪物，可以多加五千分；跳過哪些障礙可以分數變兩倍……你喜不喜歡第一關無所謂，晉級就是了。

如果你理解，自己的工作目前處於一個遊戲闖關的階段，越快離開這一道關卡，就會有不同的視野，一旦闖關成功，就會有新的局面產生，必定會盡所有的力氣，用最短的時間闖關。我認為這時期的工作，不應該用薪水去衡量。當你用基層微薄的薪水去衡量自己值不值得做任何事，只是讓你在第一關停留更久，甚至無法超越。即使換一款遊戲（工作），也只是在第一關重複打怪。

不依薪水去衡量自己的付出，並不是社畜的表現，社畜是被交代什麼就去完成，一種不得已的被動狀態。但當你是自由的時候，五感和心思都是為了擴張自己的眼界和經歷而工作，不拘泥於自己的職稱或位階。這種極欲晉級的工作態度，會讓你很快地從基層的工作畢業。

總之，任何會讓你可以增加總積分的動作都該嘗試，盡全力在工作上累積積分，不斷地超越，等到積分夠了，所有的不同層次的工作選項，就會如電玩晉級般神奇地浮現。

若以前述的探索三角形來說，在越短的時間，形成最廣的底部，就是越好的探索。三角形能夠越扁越好，表示你挖掘的直徑很短、效率很高。這個時候的挑戰就像短跑比賽，最好能在最快的時間，廣泛地嘗試各種方面的工作，不只是做，還要做得極好，才能快速晉級。

拼圖大學的設立，就是為了幫助你盡快從第一關晉級。晉級後，你的工作就會有不一樣的高度，從那樣的高度，才開始往你感興趣的方向靠攏。所以，你準備好接受挑戰了嗎？就算進入哈利波特的魔法學校，也有學習的過程。在拼圖大學，想要拼出自己的神祕拼圖，請遵守基本的校規，了解如何能晉級和畢業。

校規1：自己的角色設定，比職稱還重要

如果要將潛力發揮到極限，我的自訂角色通常是公司的擁有者。這間公司，就是你的公司，無論目前你的位階是什麼。

你問什麼意思？如果我是老闆，還需要努力嗎？先別急，想像一下你有個當老闆的姑媽，去見上帝後，你突然被通知：從今天開始，這間公司就是你的，因為你繼承了這間公司。請問你會馬上跑去度假，覺得再也不用努力了嗎？

我想應該不會。一旦當了老闆，你的思維就會和員工不一樣。老闆想的是如何讓

公司獲利、如何使公司不斷前進、有沒有事情被疏忽、有沒有錯誤沒有揪出來、有沒有問題待解決、有沒有危機沒被看見、有沒有更好的機會可以投入……老闆的腦袋經常都在運轉，很難可以馬上拋下一切去度假。

為什麼要把角色自訂為老闆？因為拼圖大學的最終，是培養你走向自主的道路，而不是一輩子的社畜，因此你需要開始練習自主性思考，把自己當成老闆，將來你才有承擔自由的能力。你該從別人的公司開始訓練自己如何當老闆，當有一天想要發展自己的事業時，風險應該很低，因為你已經練習當老闆很久了。反之很多人一出社會，就嚮往絕對的自由，其實風險很高，而且為了不要翻船，很有可能只侷限在小範圍內發展，那樣的自由，不是真自由。

資料科學家大衛德維茲的調查中，工作首要破除的迷思，就是網路上不斷宣揚成功的創辦人通常都很年輕這件事。根據大數據的實際調查，事實上，在優秀的企業中，六十歲的創業家，數量是三十歲創業家的三倍。你需要為自己的自由，做最好的準備和學習。唯有把自己當作公司的擁有者，你才會將你的好奇心拉到最高點。

「把自己小看」是我在工作上常看到的自我設限。當你用一個經營者的角度看你所工作的公司，你會發現每天都有挑戰不完的事情。身為團隊的一員，也許有職務劃分，但誰能夠阻止你完成更多的事，以及幫助公司前進呢？其實往往設限的是你自己。當你發現有好多事物等著學習，好多事情有待改善，那麼任何事都可以成為激發你潛能的經歷，千萬不要把眼界限縮在自己的職稱。

我從十八歲開始工作的第一天，就以經營者的角度看企業的整體運作，每一個工作我都窮盡一切力量，窮盡一切的挑戰，直到沒有山頭可以跨越，否則不會輕言離開。

因此，你是有絕對的自由，可以決定自己的角色的，如果你相信自己是個重要的人，你就會表現得像個重要的人；相信自己有解決事情的能力，你就會有這樣的能力。如果只是表現得符合職稱，就無法讓別人想像你還能擔任更大的角色，你的自我理解三角形也難以呈現理想的狀態。

經營一個事業，需要全面性的能力，如果你可以幫別人經營一個事業，將來也必定能夠支撐你任何的夢想。當還不知道自己的志向時，就應該要先以這樣的態度工作。

請回想「正確」三角形組合，讓你的自我理解，隨著潛能的開發越來越寬廣，能走的路越來越多元，形成你獨具意義的價值。我希望你很快能到達那樣的自由，把立足點和眼界設到最高，只有好處，沒有壞處。

校規2：你必須對每一件事感到好奇，請啟動最基本的好奇心

「對工作有興趣」和「做有興趣的工作」是兩碼子的事。你必須對廣義的「工作」這件事，要持有熱情與好奇心。

這就好比結婚，你必須要對廣義的「婚姻」所代表的家庭經營概念有興趣和熱情。如果只是單看有沒有帥哥美女可以引起你結婚的興趣，來決定要不要結婚，在缺乏對婚姻基本命題有興趣的前提下，失敗的可能性也相當大，因為你對婚姻的概念並不成熟也缺乏熱情。

同樣地，要成功在工作上蒐集拼圖，不能單看哪一個工作項目能引起你的興趣，沒興趣就再換項目。你必須對廣義的「工作」這件事有基本的熱情和興趣。我之所以用能力拼圖來說明工作與你生命意義的關係，就是希望喚起你基本的好奇心，理解有

你在這個世上，是一件多麼奇妙的事。我希望你能把工作當工具，然後把自己的潛力像寶物一樣一個一個挖掘出來。

工作，是蒐集個人能力拼圖的遊樂場，是適合好奇心大噴發的地方。雖然目前我從事的流行預測的工作，需要對世界時時觀察並充滿好奇。但我的好奇心，並不是從這個工作才開始的。當我在反差很大的海上石油探勘業工作時，我對所有探勘的一切，也是充滿了好奇。我的好奇並不會因為我對該項目有沒有天生的興趣，而有所不同。

所謂「好奇」是指對「任何事情」都保持求知的態度。好奇，會讓你謙卑受教，也會歡喜學習，並不因這個知識對你有沒有直接的用處，或者是否為自己的喜好，而有不一樣的態度。因為你永遠不知道，這浩瀚的宇宙會怎樣串聯所有你懂得的道理，你能做的就只有飢渴地去理解，所有世界的運行。

從石油探勘到流行預測工作，我已經看到各種不同知識中，有太多的神奇串聯體驗，以我的探索經驗所及，從來沒有一種學習是毫無意義，或不互相關聯的。我認為，沒有意義的反而是評估一件事將來有什麼用途，然後決定要不要學習，這種評估最浪費時間，當你想用無知（還沒有學的狀態）預測未知，本身就是很荒謬。

你不知道未來，也無法預測人生，為什麼要把它縮限在現有的經驗中，去評量要不要行動呢？我們能做的，就是毫無顧慮地去使用我們所有的能力，然後看人生要帶我們去什麼樣的精彩旅程。

如果你把目前的公司當成自己的公司經營，無論職稱有多麼基層，所產生的具體行動，會讓你在很短的時間內脫離基層。所以，一開始就要有當老闆的心態。你要經營它，首先就必須先了解它。你必須要對整個公司的運作充滿好奇，即使被分派到一個小小的工作和部門，但這整間公司都是你的探索空間。你需要的是拿出自己的最大好奇心，去拼自己的能力拼圖。

4-4 拼圖大學的四個級別

很多人對於工作上出現的問題和麻煩，都會感到很沮喪，許多工作抱怨都屬於這一類，當解決問題沒有特殊意義時，當然會如此。但如果你要進入拼圖大學就讀、蒐集人生的神祕拼圖，這一切就有重大的意義了。

如何從拼圖大學一路晉升，甚至畢業，完全視你解決問題的能力等級而定，可以說沒有問題，就沒有拼圖。

解決問題的能力，一種是先天，一種是後天。許多科學家和藝術家，都是天生對解決問題有強烈動機，對宇宙世界充滿好奇的人，為了解答自己的疑惑，不斷探索到極致後，產出的科學和藝術成就，造福了我們全體人類。這些偉大的創造者，雖然掌聲無數，但即使沒有大眾的回饋，他們本身對問題探索的熱忱也不會熄滅，因為他們的基因就是這樣的組合，先天個性就想追根究柢。

另外還有一些不迴避問題的人，是後天養成，因為沒有選擇和後路，生活上的挑戰和困難，讓他們無以迴避地去探索各種解決問題的可能性，被迫蒐集各種能力拼圖。許多成長環境困苦、後來成就非凡的人，大都屬於這一類。

但大部分的人，既不是天生探索者，也沒有後天巨大的生活壓力，就要靠進入拼圖大學矯正行為，才走到夢想中幸福工作的那一端。對麻煩會自然繞路而行的人，入學後需要用行為去改變你的大腦設定，就像一個磅秤需要校正，才能獲得正確的測量值。

採訪中常有人問我，最喜歡工作的哪一部分，不喜歡哪一部分？我說「我沒有不喜歡的部分」，這個回答常常讓採訪者覺得很不真實，甚至覺得我在粉飾太平。因為普遍的認知是，每一個人應該都忍受著某些工作上令人討厭的地方。但那是因為直覺尚未被校正才有的想法。

問題其實是一個寶藏，它會激發你未知的潛力。因此我不但不會繞過問題，甚至還會主動找問題，可說是名符其實的找麻煩專家。在拼圖大學，隨著解決的問題型態不同，能力的晉級也分以下四級。

第一級　解決淺而易見的問題

想發現問題，要先勘查問題。去挖寶藏也要先勘查，要挖多深、用什麼工具？對於挖掘能力寶藏，也是一樣的道理。

通常我會「勘查」這個麻煩有沒有重複性，這是一個很關鍵的特質。它是經常性地出現，還是剛好天時地利人和的偶發狀況？若是非重複性的偶發狀況，問題通常緊急但不複雜，這是啟動創意能力的最好時候，挑戰化險為夷的靈活思考。這種偶發性的問題，也比較難逃避，在工作中最常見。

第二級　解決容易被跳過的問題

這是比第一級複雜，是經常性、一再重複出現的問題。這種問題只要一探詢，都有一些表面不得已的理由，要改變甚至包含行之有年的制度，多部門人員的牽涉。為了避免捲入這些麻煩，大家自動對問題視而不見，很容易被跳過。

很多人在工作上會習慣重複「前人的錯誤」，認為多少人都照著做了，雖然覺得不認同，就一起抱怨吧，反正又不是我的錯。當你出現這種態度的時候，我認為就不是自由的。**自由的心智，應該會主動對問題產生質疑，並且想辦法改善。**

也許你的心裡嘀咕，自己的位階不足以撼動整個公司啊，何必多事？這就是一個關鍵性差別的思考，也因此為什麼只有極少數的人可以快速闖關成功，多數的人無法做到。如果你可以找到一個需要改善的問題，並且著手改善，無論事情多微小，都值得去做。當你因為衡量薪水或怕麻煩而覺得不值得付出，就是把原本無限可能的自己，廉價地秤斤秤兩用薪水在評估。

別忘了，現在的你是為了蒐集自我的能力拼圖，而去改善現狀和挑戰問題，你是為了證明自己的價值，薪水從來不是工作的目的。唯一的目的是，因為「我」讓這件事變得不同。**用後悔與否，當作要不要做的評量標準。**以我的例子來說，無論在職涯的哪一個階段，通常不會考慮：我位階夠不夠格、我過去有沒有做過、我值不值得花這樣的精神？我唯一會衡量的是反覆出現的內在聲音，譬如：

「如果這樣做而不是那樣，會不會更好？」

「如果我雞婆一點告訴他，搞不好就會改觀……」

舉凡有這種微小的聲音出現，我就會有所行動，因為無論行動最終有沒有效果已經不重要，重要的是，往後可以很坦然地面對自己：「我已經嘗試過了。」所以沒有任何「如果……當初……」的遺憾。更何況，事情往往因為你去做，而有了完全不同的結果。這樣的經驗一多，你會越來越不猶豫，越來越有行動力。

如果你常對行動猶豫，建議你練習慢慢把擔心別人的觀感因素去除，一開始可能不太容易，但我認為這是工作中非常關鍵的能力。一個人的自主性，就是有賴這種能力。當你有一個想法與眾人皆異的時候，能不能說服大家往你說的願景前進？無論將來要當一個領導者，或是一個獨立工作者，這樣的能力都是非常基本且關鍵的。

從改善小問題開始，有效地將自己的想法表達出來，向別人解說並尋求合作，這是要讓任何理想實現的基本模式。大部分的創業家、政治家，都具有這樣的天生或後天培養的特質。只要善加操練這一部分，你就可以從這種練習中獲得很多信心，走出工作上很不一樣的局面。

當跨出舒適圈，做出這樣的突破，你的自信心會大大地增進，這種滿足感很真實，這種成就感也不是職稱可以給你的。職位可以挪去，但這種真實的自我實現是拿不走的能力，是你一輩子的寶物。如此，你才能追求真的自由。

第三級　解決沒有問題的問題

更進一步，在沒有問題的地方找到問題，這是你快速蒐集能力拼圖的方式。需要好還要更好的決心，看到永遠都有改善的空間。很多人被交辦事項後，都務求趕快交差。既然你是自由的，為了自我的價值而工作著，就必須要求每一件自己經手的事，都能「因我的存在而有不同」。澈底了解一件經手的事，從各種面向去觀察和探索，有沒有你可以解決的問題或改進的空間。譬如：

- 為什麼要做這件事？
- 過去是用什麼方式處理的？
- 現在為什麼採用這種做法？
- 為了什麼好處？

- 能避免什麼壞處？
- 如果要改進，可以調整哪些部分，這樣的改變有什麼利弊得失？
- 改變會影響哪些人，應該要徵求哪些人的認同？
- 不認同的人，原因為何？對方需要有什麼樣的動力才能和我合作呢？
- 原來的做法有哪些很好，我可以讓好再更好嗎？

當你忽略以上問題而快速解決一個任務，就只是把自己的寶貴時間單純換一份薪水的行為罷了。如果用以上的好奇心態去探索更佳的做法，處理你手上的工作，無論這個工作多微小，由你經手後，都會為你帶來不同的能力拼圖和理解。所有的事也會因此而留下你的足跡和印記，讓你的前面的路開始開闊。

第四級　滿足未曾想過的需要

探索的本身，不只事務還包括人。探索人的想法、反應，因此與人相處也是你在工作中的探索重點。把事情做好，不只要求最快最有效率，有時還包括最符合大家的期待。你需要從耕耘大家對你的信任做起，這種信任基礎若建立了，要展現你不同的創新和想法，通常比較容易獲得應和。

工作上除了每天被分配的事情，請觀察你的老闆、主管都在忙什麼？你能夠為他們提供任何的服務嗎？如果等著主管來教你，這不是為他服務，而是讓他增加工作量。職場不是學校，你必須馬上能夠提供價值，因此「觀察」非常重要，如何靠觀察提供別人未開口卻在刀口上的需要，從一開始你就應該訓練自己有這樣的觀察力。你得自學，不要期待有人手把手地教你。工作上別人可以教的東西都只是基本分數，能到拼圖大學就讀，是不看那些基本分數的，需要更體貼四周的需要，才能夠達到拼圖大學的標準。

以上這四級不是單獨存在，通常在第四級時，做法也融合了第一二三級在內。這些經驗和過程，目的是培養自身對周遭的敏感度，尤其對男性工作者更加重要。我曾在流行趨勢中，發表過近二十年來男女工作的板塊演化專題，當中重要的結論包括「其實女性特性更適合在現今的職場中發展」。簡而言之，由於科技的發展，目前社會傾向服務式的經濟活動，而非以往以勞動力為主。在服務式的經濟中，感知和表達都是重要的關鍵能力，這些恰巧都是女性所擅長，因此男性工作者，更需要用以上四階段，**多多訓練自己的敏感度，除了工作場域外，感情生活應該也會保平安**。

如果能夠從自己工作的起點，不斷擴大你在公司中探索問題的範圍，不但沒有一個人會討厭或阻止幫忙解決問題的人，你很快也會變成公司中不可或缺的人物。不斷開發自己潛能的同時，也在幫助公司和同事解決問題，與外界形成良好的關係和循環。

所有你在工作上的努力，也都是你在地球上留下的特殊印記。接下來我要介紹這樣一位留下特殊印記的人物。

4-5 自由的高度

我要講一個能在微小工作上，達到解決四個層級的例子。美國疫情漸緩時，我們全家三口去了法國南部，在那裡遇到一位讓我難以忘懷的男士。

在我們租屋的公寓巷口，有一間擁有戶外咖啡座的餐廳，歷史悠久頗有名氣，但價格親民，餐點極優，所以我們常在那裡吃午餐或喝咖啡。法國的戶外咖啡座位子很多，但只有一兩個侍者，他們通常不會一直在那邊招呼你，也不在意你坐多久，所以不用期待有什麼太特別的服務，能找到侍者點餐和付錢就不錯。

這位令我難忘的男士，是巷口咖啡廳服務我們的侍者。他頭髮鬢白，身材修長挺直，白襯衫黑背心，有如量身訂做般緊貼著他筆直的身形，臉上沒有商業的笑容，表情甚至還有點嚴肅。

我一坐下來，還在看菜單時，他沒有如一般侍者問一堆問題，只是默默地幫我倒水。我家每次去餐廳點菜時，女兒都超級猶豫不決，於是每次點菜都卡在我女兒，然後就會上演侍者靜默尷尬地等待，時間滴答地過去，侍者臉上開始浮現「到底還要多久」的表情。

但他看到我女兒點餐舉棋不定時，居然就淡淡地走開了，我忍不住在內心OS：「怎麼會這樣?!」過了一會兒，他手上端著冰桶、檸檬片回來，但並沒有回到我們的座位，而是隔著一張桌子，幫我女兒準備飲料。一般侍者倒飲料都會在我們的桌上進行，但因為我女兒還沒決定，他自忖靠近會有催促的壓迫感，所以保留一點距離，但又讓我們看得見他就在身旁。

他在一張桌子外的距離，一邊加冰塊一邊放檸檬片，在這間熱門滿座非常忙碌的餐廳，他卻表現得雲淡風清，緩緩地調著飲料，直到我女兒說「選好了」才順勢走過來，然後把清涼的飲料遞給她，簡直行雲流水。

有一次，我女兒吃沙拉時，突然在盤中挑出一小根頭髮，我們兩個同時做出「嗯～」的表情，女兒把頭髮揉到餐紙裡，大概過了一兩秒，他突然站在我們的桌旁：「怎麼了嗎？」表情看起來非常擔心。「喔，有頭髮！」我一邊吃驚於「他從哪蹦出來的？怎麼知道我們兩個剛剛在講什麼？」一邊比了一下餐巾紙，他二話不說，馬上拿走換一盤。

另一次，我先生喝了一瓶比利時啤酒，隨口問：「這是黑啤酒嗎？」他淡淡地點點頭，沒有多說。但過一會兒回來收桌子的時候，拿出一個杯墊，後面用筆清楚寫著這啤酒有三種，濃淡比例各是多少百分比。

又有一次，結帳收桌子的時候，他淡淡遞來一捲紙軸，對我說：「給你。」是餐廳的彩繪圖畫。離開時我邊走邊想，為什麼他今天特別給我這張小海報呢？剛剛在喝咖啡時，我到底做了什麼？啊——我想起來了，我當時看到桌上有一個條碼，好奇用手機掃了一下，然後進入餐廳網站，一邊喝咖啡，一邊讀著這間餐廳的歷史沿革。我真的驚呆了，他為什麼會知道？他根本不在我周圍啊?!

接下來，換我對他感到好奇。我對來無影去無蹤的「影子侍者」做實驗：桌上通常有一個水瓶，如果我把水瓶的水，喝到不夠一滿杯的時候，我打賭他會出現。於是，我開始喝，果然只剩下不足一杯的量時，他就剛好「不經意」地路過我旁邊，順手換了一瓶新的水，他的動作如此輕盈快速，如果當時你在聊天，甚至不會發現他幫你換了水瓶。

我對他的服務非常驚訝，這可說是奧運選手的滿分表演——跳水不見水花，冰上旋轉完美落地。他簡直像我的影子，我甚至沒有注意到自己被服務了，一切是這樣船過水無痕，也許我該假裝昏倒，說不定他也會秒接住我！

有一天，天氣有點冷，我改坐室內區用餐，竟意外發現了他的祕密！原來，當他沒有出現在戶外咖啡區時，他會站在室內隔著玻璃落地窗往外看，像一名作戰的士兵，眼睛銳利地掃射前線的戰況，注視著他負責的客人，雙腳一直都在準備要助跑的狀態，有時他連忙走到門口，但遠遠看到情勢好像有改變，就又退回來。因為如非必要，絕不干擾用餐，他不只是在管上菜而已，他在看當下所有的客人的動作，有什麼他可以提供滿足的空隙。

一般侍者能夠滿足顧客開口的要求就不錯了。但他要服務的是未開口的需要，他必須要在顧客的舉手投足間，立即判斷能夠為你做哪些點菜以外的事。

看到他全神貫注地注視著戶外咖啡桌的景象，我其實感到非常地震撼和感動。這不是一家消費高檔的米其林餐廳，沒有因為收了很多錢，所以必須對你很好。他細緻的服務，在人來人往的咖啡座，甚至不會被注意到，這間餐廳的其他侍者也沒有像他這樣。

他的高度是他自己決定的。這樣的他，讓我覺得自己非常幸運和榮幸能被服務到。他平常不笑，不是那種獻媚的侍者。當他收桌子看到我留下的小費時，會遠遠注視我，向我點點頭，一邊把右手掌放在左胸膛上，表示感謝。我感覺他不是收了小費，是收了一個勛章的回禮。

一個人高度的堅持，居然有如此強大的力量，讓與他交會的人感到動容。很多人覺得，高度要在被賦予責任之後才需要展現，若環境若沒有給你這樣的要求，又何必麻煩呢。但是事實上，我們每個人的每一天，都公平地擁有同樣的自由，可以決定自己的高度。

從高點出發，並不需要特別的理由，但站在高點總是有更寬廣的視野和景致，而你的願望，往往都在這樣的高度，才得以實現。

接下來，當你對四個層級的問題都能輕鬆解決，你最後該準備畢業考：挑戰不可能被解決的問題。挑戰你所在的公司／企業／業界，大家覺得不可能被解決、又極具價值的問題，如果過關，那你就能從拼圖大學畢業了，屆時你的工作將會與入學前展開完全不同的局面。往後你解決問題的層次，也會一直在這個高度。

4-6

職涯三階段的職場穿著重點

基於我的專業，談到職場，就不能不談到職場的服裝。但我不是要你穿成某種專業樣板，而是提醒你服裝帶給人隱晦卻直接的意涵，絕對會影響工作發展。這可能是你最該在意服裝的場域，因為沒有人不希望在職場有好連結。在工作上，做人永遠比做事來得重要。職場是最需要贏得他人好感度的地方，如果衣服可以讓你的職場關係如順水推舟，又何必逆水行舟呢？更何況，為了達到工作黃金三角組合，盡快在電玩遊戲中晉級，我認為所有的工具都該用上。

我認為衣著之於職場，就像是佩戴「加速器」。一個善於掌握服裝語言的人，總是能夠讓自己的努力得到再上一層樓的回饋，沒有用上你的加速器會非常可惜。

很多人以為，只要談到職場穿搭，就是要穿得很專業。但很少人再細分，剛進公司的菜鳥和公司老鳥、公司主管，難道都穿同樣專業的衣服，使用相同的服裝語言嗎？我想很少人知道要怎麼區分重點，也許有人認為職位越高錢賺得越多，當然就穿越貴的牌子。但這又落入對服裝ＣＰ值判別的錯誤，價錢不該是買衣服的絕對標準。（對服裝想掌握更多，請參考《「最美五套」質感人生穿搭》。）

既然獲得好感度是職場的重點，應該以同理心穿搭，以他人觀感考量穿著，並檢視自我表達是否有傳達出恰當職場定位。我雖然希望大家在心態上都要把自己當公司的老闆，但穿著上可不是穿成老闆的樣子。以下大致將職場的成長分成三個階段，解釋各自適合的穿著表現。

剛出校門的求職者——穿出我是你們的一分子

很多畢業生都只準備一套面試服，穿去所有的面試場合，但這種罐頭式的穿法，就像套用公式的介紹詞。如果要表現出與他人的不同，你得穿出敏感度。在面試之前，可以先了解要面試公司場域和辦公室文化屬於哪種穿衣性質。因為每一個業種的穿著風格都不同，一個業種的恰當風格，可能對另一個業種來說格格不入。甚至若觀察得更仔細，即使同一業種，不同公司也可能因為不同的領導風格而有不同的辦公室文化，穿著氣氛完全不同。

人是主觀的動物，當直覺在大腦下了判斷，接下來的談話會不自覺地為自己的判斷找印證。所以，寧可面試你的主管在看到你的第一眼時，已經可以想像你就像團隊的一員，接下來的談話，對方腦中也會自動蒐集正面的訊息佐證判斷，這會幫助你拿到這個工作，也叫順水推舟。如果你的穿著與公司的文化差異太大，譬如你穿得很時髦，可是公司作風比較保守，隱約會有一種格格不入的氣氛，面試主管基於直覺，腦中反而會蒐集印證你不適合這個環境的理由。

職場上總說對事不對人，但事都是人做的，請你不要太天真，以為真的和人沒關係。進入公司後，敏感於他人的特質，在社會新鮮人階段是非常重要的，因為這個階段的工作，你是公司中位階最低的工具人，這個時候沒有能說嘴的資歷，就只靠對他人需求的敏感度，證明你是一個好用的幫手，加上穿著又與公司的氛圍一致，空氣中就會瀰漫著和諧感。所以請社會新鮮人，盡量幫自己製造穿著的順水感，會增加自己職場起步的各種機會。

開始爬升職場階梯——穿出我已預備好下個階段了

一開始進入一個陌生的工作，初階的人首重在能夠融入。一旦能力慢慢開始被看見，到了某個階段，自我風格就應該要表現出來，讓上面的人可以在同儕中看見你的未來性。

如果你從事的工作和設計有關，或各種創意的工作者（髮型師、造型師、化妝師、室內設計師、建築師……），一開始進入該行業，你也許會穿成符合設計師「群體樣貌」，也就是一種業界約定俗成的打扮模式。當你已經有了底子，累積了一些資歷後，從事創意設計的工作，穿著上應該要勇敢地跳脫刻板印象，表現自我風格。

如果你從事的是商業設計的「工作」，而不是純藝術創作，好感度會直接影響你的好連結，也會影響你的收入。擁有個人風格的穿著，會隱約透露你是「匠」還是「師」的分野。在一群設計人中，你與他人的差異到底是什麼？在強調創意的工作中，如果你的穿著能走出自我的風格，通常也能在工作上展開一面。讓衣服，為你釋放更多的想法創意，創作出體貼他人的設計。

非設計工作者，屬於辦公室的白領，穿著應該要像「你想成為的職位」，而不是你現在的職位。你的衣服必須比你先到下一個階段的目標。你有心想成為主管，那你早該穿成主管的樣子，不是等你變成主管才穿得像主管。你需要準備好，以便當機會一來，大家直接可以將你對號入座，因為無須想像，你看起來就是如此的適合。

你每天都要穿成千里馬的樣子，提醒大家當你的伯樂。不好意思開口的人，更需要用穿著表現你已經準備好了，當然你也需要具備那個位子所需要的能力。但是，當你穿著像那個職位的時候，服裝也提醒著你的言行，通常你也會更加倍地拿出衝勁。這就是服裝的力量。你的衣服，要穿在你的職位之前，不是之後。

想要縮短奮鬥的時間，就要將內心和外表都調整在一致的狀況。心態上，你要讓自己勤於挑戰任何大於你的頭銜的工作，你的穿著也要匹配你的挑戰能力。我看過有的人在工作上很任勞任怨，但沒有服裝的加持，會有一種「苦命感」，就是苦勞有，但升遷沒有。到底你是來做幕後還是幕前的，你的服裝已經很老實地說出來。

如果你能夠內外一致，這樣別人對你的感覺也會和你對自己的期許是一致的，只要機會到了，就一定會是你的，因為你的能力和外表，都散發出「我已經準備好了」的樣子。

高階主管的階段——要穿出游刃有餘

高階主管，反而不該穿得戰戰兢兢，而是開始在你專業穿搭中，釋放具有流行感的個人風格。這會透露出除了專業外，有累積的歷練，顯示生活豐富觸角多元，工作能力游刃有餘（如果你是菜鳥穿成這樣，就很不恰當）。如果在資歷豐富的狀態下，還穿得和社會新鮮人的專業裝扮差不多，這種菜鳥的嚴謹感，好像一把年紀卻還在衝刺努力，有點暗示自己力不從心。

這個階段的穿著，恰當的流行感會顯示你的自由度，是一種高階的特權。巧妙的服裝語言，暗示你有餘力駕馭生活與世界連結。況且位高權重的人，頭銜已經夠大了，通常不希望一來到某個空間，讓場裡的年輕人倍感壓力。這時應該從服裝製造時尚的親和感，表示自己廣知潮流變化，能夠容納新一代的意見，不是那種位高權重無法溝通的上一代。沒有比恰當的服裝，更能有效地「秒達」這樣的意涵，對團隊的帶領及客戶的互動都會充滿活力。

簡而言之，職場衣服的選擇，越年輕越要敏感於四周的氛圍。我之所以不在菜鳥階段強調流行，因為流行本來就是年輕人的專利，無須提醒，你也不會穿成爸爸媽媽的樣子。反而年紀越大，流行度要更高，因為這象徵你與世界的連結，不因年齡漸長而斷層。

在職場，如果你結合「同理」與「時尚」的考量，會產生完全不同的買衣觀點。服裝本來就是強而有力的語言，橫豎你不可能裸體去上班，隨便穿的結果也是散發隨便的語言，並非靜音無作為，所以請佩戴好加速器，對工作發展只有好處沒有壞處。

接下來，準備舒服的姿勢，因為我要告訴你，那些關於我如何蒐集能力拼圖的故事。

PART 5

極大化的探索

極度豐富的人生

5-1

從探油船闖關成功

雖然之前的英語教學工作，我已經竭盡全力地探索，但因為白天還在校求學，即使盡全力，也只有半個自己。因此在我的職涯中，真正進入拼圖大學就讀，應該是畢業後的石油探勘工作。

照理說，海上石油和天然氣探勘工程，根本不可能是任何文科畢業女生嚮往的工作，但我想告訴你，如果連這樣與本身興趣差異遠到天邊的工作，一旦當成拼圖大學來就讀，都依然能在往後連結到我有興趣的流行產業，那麼相較之下，我相信你目前工作上的著力點，一定比我的過往工作更多，希望我分享這個經歷，會帶給你無限的啟發與動力。

海上石油探勘確實如電影般，極度危險和忙碌

一般人若對海上的石油探勘有印象，多半是一些鑽油平臺照片，像一個舞臺搭建在海中，有著高聳複雜的機器鑽探設備，這是一般所能夠捕捉到的畫面。大家無法從照片得知的是，海平面的下方支撐著廣大工作平臺的，是兩艘巨大的潛水艇，所以整體的結構，好像一艘航空母艦，也就是探油船。當我登上探油船時，真是興奮得快要爆表了，完全感覺不到這是一艘船，而是像海上行走的陸地。艦長開玩笑地說：「Emily 桑，為了你的安全，請天黑前趕快回陸地，在這艘船上工作的人，已經很久沒有看過女生了。」每次艦長講這個笑話，大家都會笑得樂不可支。

事實上在探油船上工作，看不見女生事小，背負龐大的工作壓力事大。因為一艘探油船潛水艇艦，大老遠跨過半個地球，開到海上精準經緯度的鑽探點，並集合調度來自全世界各國籍的專業工作者，到海中央的經緯度相會，進行油氣探勘計畫，是非常不容易的事。因此每分每秒都不能浪費，二十四小時都要進行油氣鑽探，工程不可停擺。所探勘的石油和天然氣都屬於易燃物質，任何疏失都可能引起恐怖的災難，因

此所有人在船艦上，都是戰戰兢兢，不能鬆懈，不能碰菸酒，每個人都要把精神體力維持在最佳狀態，不然代價沒有人能負得起，大家都在同一艘船上。

巨大的潛水艇像海中的大樓般，有電梯可以到達不同樓層，有工作的樓層，有餐廳的樓層，有住房的樓層，船上也有醫師可以看病，有廚師做各國料理，以及各種提供生活服務的人員。各種專業的工程人員一旦上船，就要預備待上完整的四個星期，四星期過後與你交班的人，從自己的國家飛來接手工作後，你才可以飛回自己的國家，休假四個星期。這種做四周休四周的輪調規定，從艦長到最基層的勞務工作，無論職級都必須遵守。每一個前來接班的人，都要搭乘飛機、火車、汽車、船舶、直升機……等各式各樣交通工具，最後才能到大海中的定點，這應該是世界上，上班通勤得經過最多不同運輸工具的工作。而這當中只要職務交替有任何的萬一，譬如交接人員在旅途中若有閃失，無法按時到大海定點中交班，船艦上的人就不能下船，因為工程不能停擺，任何職務都不可有空缺。光是這一點，負責調度的我可以講上一大堆，每次重要節日，像是聖誕節或新年，有多少人就有多少創意理由，想提早下船或不想上船。

離興趣越遠的工作，工作探索值：一〇〇%

別以為我從小就喜歡機械，熱愛這些陽剛的活動。從小到大我擅長的是藝文科目，參加學藝競賽，擔任學藝幹部，不要說陽剛的機械，跑步打球那些都不是我的專長。我喜歡的是畫畫、音樂、流行、文學，而「海上石油探勘」這種連男人都感到太man的行業，我腦中可是從未有過畫面。

但所謂探索，就是前往未知，而不是前往已知。

我的興趣都是已知，相反地，非我興趣的工作則是未知。因為不是興趣，當然也未曾理解和接觸，因此全部都不會，確定含有一〇〇%的探索值。既然如此，只要我去探索，應該滿地都是能力拼圖，從這個角度來想，那真的是來到能力拼圖的寶庫。

雖然之前擔任英語教學時，我已經是學校的最高管理者，但來到這個對我而言一無所知的產業，我是最基本的日本社員，但職稱對我而言只是一張入場券，我完全不在意。早上起來，我總是迫不及待地想要去上班，想知道這個探油世界的人都在做什麼。

這裡沒有半個臺灣人，也沒有女性。差異更大的是，這不是一般行政事務的辦公室，這個辦公室，是為了支援三號探油船所有的探勘所需，這裡是作戰的前線，探油船去哪個國家，辦公室的團隊明天就打包去哪個國家。探油船上所有的人力物資補給的調度，都要從這個辦公室進行，隨時和日本總部與在各大洲的其他探油船互相協調，調度溝通。辦公室的最高指揮所長，也是由之前探油船的艦長所擔任，就像是把前線將軍調往後勤當主將。這個辦公室是一支機動性很強的前線部隊，必須支援船上一切工程的進行，要有當場應變的能力，但又熟諳日本總部近乎潔癖的行政運作要求。

窮盡各種方法，尋找問題，蒐集拼圖

既然是前線，當然沒有人事部門等你報到，幫你做新生訓練，或是解釋各種公司的規定流程。所有的答案，要自己去問去搞清楚，在前線，每一個人都神色匆匆，非常忙碌。

上班第一天，我這個唯一的女生、唯一的新人，獨自坐在位子上。所有的日本男同事們都快忙翻了，唯獨我沒有事做。除了接東京總部的電話，沒有人有時間教我或告訴我現在是什麼狀況，而我也什麼都不會、什麼都不懂。

雖然進入寶庫，但拼圖並不會自動來找你。我得主動出擊，自己在企業內找工作來做。於是，我開始觀察大家都在做什麼，然後陸續主動把一些我能接手的工作拿來做，終於開始有了零星的工作，但一下子就消化完，又再去辦公室各地狩獵新任務。

我想，我需要有一個切入點，讓大家開始信任我，把工作交給我。我苦思有什麼方法，可以在一個這麼陽剛的工作環境，要大家信任一個什麼都不懂、剛畢業的女大生？我注意到很多人手上都有英文文件。因為隨著鑽探的進度，每日有許多鑽探的會議，公司對外所有往來文件紀錄以英文為主，社內所有的書寫和溝通則用日文。因此一看文件的語言，我就可以清楚了解文件是對內還是對外。我當下判斷，對外的文件是很好的工作的切入點。

於是我和其中一個主管說，你讓我幫你看一下你要發出的文件（解決沒有問題的問題），然後很快幫他把英文潤飾成更好的表達交還給他，他有點意外但很高興。陸續改了幾份後，做出了口碑，我開始聽到茶水間大家討論說：「Emily 桑，很會改耶，她以前在做什麼？好像是英文老師耶。」於是有人來問我：「Emily 桑，是真的嗎？你以前是英文老師？」傳開後，所有要出去的文件，開始都來排隊要求審閱一下。

破冰後的連結，慢慢累積了大家對我的信賴感，但這樣蒐集拼圖的速度，對我而言還是太慢。於是我不得已採取另外一個比較激進的方式，找了一個最忙的部門下手。根據我的觀察，那個部門主管開會都用跑的，連喘口氣都沒有時間，我們中午吃飯時，他還留在位子上，只有上廁所才離開座位。

有天上午，我走進那位主管的隔屏。

「你很忙啊～」

「對。」他頭也沒抬，繼續處理他的事務。

我用非常嚴肅的語氣，斬釘截鐵地對他說：「對，你很忙。但你知道我一點都不忙嗎？我已經告訴你很多次，請把工作分攤出來交給我，如果到現在你還是一直都不做，那我認為你的工作方式真的很有問題，你需要好好想一下，怎麼改變這個狀況。」當時我講這些話，並沒有考慮我的職稱是什麼、能不能說。

才講完，他所有的動作都停下來了，沒有講話，頭也沒抬，我們就這樣彼此凍結在那裡。沒多久，我注意到他眼鏡下面好像泛了淚，臉也突然變得很紅，一直紅到脖子，我於是離開。

到了下午，他把一大堆工作拿到我的桌上，解釋並請我幫他消化這些工作。我指著這堆工作山笑著說：「好，我保證你以後都不會看到它們了。」並拍了一下他的膀子。（哥兒們！）

也許你覺得，我對那位主管的態度有些強硬，但在這個非常陽剛的行業，我如果害羞和被動，我的拼圖可能十年也拼不出幾片。如果你想在拼圖大學得到**進階：「黃金」三角形組合，重度探索自我，在職涯道路上超車**，那你渴求拼圖的態度是要使盡全力充滿創意、不能痴痴地等拼圖從天上掉下來。方法當然各有不同，要看狀況應變，我相信很多人在探索度大的工作裡會很沒有安全感，因此我仔細地描述一開始的工作破冰情形。

在此之後我也沒有停止對工作的飢渴態度，不停擴張自己對各種工作的參與。最後，因為我熟諳各項職務（早已超過我的職稱），因此在公司裡我可以很靈活地擔任各種角色，團隊中，大家會的我也會，而大家不會的我也會，因為同時有中英日三方人馬一起開會時，我是唯一聽得懂所有語言的人。

漸漸地，我的辦公區就成了全公司的樞紐，所有對外的事務，以及外界與我們的溝通都要先透過我，任何大小事大家都會先來問我，我的辦公區像是一個工作的集散地，有各路人馬都在等我給答案。有人開玩笑，可以拿一張椅子坐在旁邊看我表演，一天同時處理好多問題，好像我有三頭六臂。看我工作的供應商，常常問我為什麼從來不會對源源不斷的問題感到不耐，還神采奕奕，因為他們不知道，我並非為了我的薪水在工作著，我是為了挖掘我的能力正在拼圖大學就讀著。

不斷增進解決問題的能力

探鑽油井需要非常敏於環境氛圍變化，任何風吹草動都可能是緊急狀況，而我不管多晚一定全程坐鎮。譬如有一次，對岸向臺灣海域試射飛彈，當時臺灣百業照常，唯獨我們一算飛彈半徑，居然在危險範圍內，必須在最短時間內，從外海鑽探點撤退到岸上，並且接駁安置上百位工程人員，而各自人員的待遇，大小事項還要符合日本總公司內部的職等規定。

所有的安排在船抵港前，必須完全妥當，可以說是在和時間賽跑。當收到撤退的指令，我馬上組織工作，把可以用英文或日文溝通的部分，分發給每一個主管，叫每一個人去確認後回報，我則處理比較複雜的部分，雖然我不是最高位階，但大家也習慣聽我發號施令。慢慢地我發現自己的個性很適合指揮團隊，很適合和男性溝通，因為我遇狀況不容易緊張，且頭腦冷靜、邏輯清楚。

之前在美語學校雖然也是管理者，但遇到的問題形式不同，學校需要是細緻的理解，耐心長遠的規劃，並不危險急迫，但這裡的臨場反應要非常快速，而我因為把自己放在那樣迫切的狀況下，才發現自己原來有這樣的潛能。

身處於一個純男性陽剛的工作場所，也讓我更進一步發現，無論個性、幽默感或溝通的方式，我都是偏向男性（還把男性同事都弄哭了），節奏分明。漸漸地，我成了團隊中關鍵且不可替代的重要一員。如果我請假，整個運作就會很困難，總之，一路工作下來，我與團隊同進退，已是密不可分。

這些適合領導的特質，在我蒐集潛能拼圖前，自己並不清楚。人有限的自我認知中，容易把自己單一化。其實每一個人，都可能是非常複雜的組合。原來我既細緻敏感，又理性堅毅，這些都共存在我的個性中，如果沒有經過差異性很大的工作，我不會這麼清楚自己的特質。

金錢無法計算的豐富

當初在做工作抉擇時，我放棄了當下高報酬的英語教學產業，從零經驗開始以日文工作著。當下看起來是金錢的損失，但從更長遠的獲得來看，其實各方面都豐富得無法計算。

工作上完全使用日文，每日操練多年下來，日語與日本文化徹底成了我的一部分，同時能夠使用中英日語文的能力，往後對我從事任何工作都是強大的助力，多語言的生活選擇也更豐富。雖然目前翻譯軟體非常方便，讓大家覺得好像不需學習一個新語言，也能理解文意。但學會一個不同的語言，為的不是翻譯，而是理解這個世界，還有與你不同的文化所產生的心智，那是一整個和你的母語文化認知不同的世界，你的思考會比較開闊靈活。所以我真的鼓勵大家，盡可能多精通一個外國語，會得到一個不同的世界資源，好處說不盡。

而在文化衝擊上，我更是驚訝地發現日本文化改變了我。我一向不喜歡團體活動，個性比較獨來獨往，結果每日生活在日本公司的體制中，我居然和其他日本人一樣，莫名長出一種對團體榮辱與共的向心力，這在我的母語文化中強調個人主義的特質，非常不同。如果要形容，很像一種軍旅同袍的情誼，為同一個目標努力、互相合作。我們熟悉彼此的個性和生活，每天一起工作、一起吃飯，下班後也一起去喝酒聊天，發牢騷開玩笑，我很驚訝地發現自己被文化影響，而產生自己都沒有看過的面向。

畢業考的來臨

你一定好奇，最後我是怎麼從拼圖大學畢業的呢？

我在石油探勘公司工作了四年，已經負責絕大部分的事務後，仍在探索各種可以解決的問題。當時出於好奇，有一件事情我認為可以改變，但眾人全都斬釘截鐵地說不可能。（越是這樣，這個問題的性質就越接近畢業考：挑戰你所在的公司／企業，或業界，大家覺得不可能被解決、又極具價值的問題。）

當時的狀況是：海上油氣探勘的進行，必須仰賴我們把來自全世界的各種專業工程人員，帶進臺灣。但一個外國人要持有工作證在臺灣工作，其實手續非常繁瑣，牽涉稅務及各種議題。而我們全公司除了我以外，都是外籍人員，每星期都有一批人要入境，但人員進入臺灣，並非以日本公司的名義，而是將人員納入一間臺灣公司，以該公司的名義為人員申請入境工作證，才能合法地在臺灣工作。

如果以我的職稱來思考，我只是基本社員，這真的一點都不干我的事，公司也願意支付這筆額外的費用。但如果我以身為探勘公司所有者的身分來思考，我就會覺得這件事並不合理。為什麼我的公司，不能正大光明地以日本公司的名義，為自己的人員申請臺灣工作證呢？

我不斷探究，發現當時有兩個絕對不可能的理由：首先，申請外籍人員工作證，需要營利事業登記證，必須是臺灣的公司才能受理，這是臺灣的法規。我們既然是外國公司，當然沒有營利事業登記證。

再者，外籍工作者的引入，各個行業別都有法規條例，但石油開採業在國內屬於國有企業，只有政府可以開採，並沒有民間的石油開採業，當然也就沒有為石油開採業設立的引進條例可援用。

因此當時四十年來的國際標案，大家都沿用這種方式引進專業人員。於是我不斷地前往掌管的政府機關進行協商，我認為既然政府開國際標案，我方當然是國外廠商才能投標，怎麼可能又要求我們變成臺灣企業？另外法源的部分，既然沒有石油開採業可引的法源，是否可以為其制定，目前所有的法規也是因應需要而來的不是嗎？以前沒有，是因為沒需要，但現在有需要了，不是就該著手制定嗎？

然而制定法規條例，是改變政府現行規章，以及打破過去探勘四十年的慣例，過程非常繁複，我並不覺得是簡單的事，但也不認為是不可能的事。於是我頻跑部會絕不放棄，當時對應的公務人員看我如此堅持，也開始著手幫忙，一起進行史無前例的申請，這是很冗長的過程。而當時我們的探油船，在履行下個油井合約前，必須開到其他國家海域，進行設備維護，因此所有辦公室人員都坐飛機趕去那個地點支援，唯獨我，留守在臺灣辦公室，代表整個日本探勘公司，單獨和政府繼續協談，確保所有探油船的人員，屆時都可以順利回來履行工程合約。

東京總部與我確認：「Emily 桑，整個工程的未來是否可如約履行，責任全都在你身上，你確定真的沒有問題嗎？過去四十年從來沒有人這樣做過。」我很肯定地說：「可以的，沒有問題。」

整個國有探勘公司，就這樣把龐大金額的工程，完全孤注一擲地交給我一個人，一個才二十多歲的女生，這對日本國營企業的公司文化來說，幾乎是不可能的事。一般的日本企業，男尊女卑是文化習慣，更何況我在非常陽剛的行業，甚至原本還有女性不能上探油船的習俗，更不要說把重責大任交給一個年輕女生。

但對他們而言，我是 Emily 桑，他們信任我，可能因為我一直以來的表現，各種危機、大大小小的事務處理，都讓他們打破了對女性的慣性思考，相信我絕對會想辦法解決這個問題，不會輕言放棄。

最後政府機構通知我們，過去石油開採標案四十年來，我們是第一個自己申請人員進來的外籍公司，我真的做到了。隨著這件事的完成，我成了公司內部的人氣王，回到東京本社時，社長請部長們一一向我握手致意，並設晚宴接待，這在保守的陽剛的日本企業，簡直是不可能的事。

以一般的想法而言，花了這麼大心力，終於有了自己的舞臺，應該在這樣的環境繼續耕耘下去才對。但我心中很清楚，我在這個工作上的探索已經到了頂點，除了沒有下海親自去挖石油，大概所有的事我都已經探索過了，即使我再愛這個地方，但我已經越來越難找到拼圖。我想，我已經畢業了。

愛到頂點，就是分離

這是一個困難的決定，因為我很愛我的同事和工作，而他們也了解我的個性，包容我每每等不及團體決議的單獨意見；包容我的勇氣之舉，常讓他們捏一把冷汗；包容我每天中午一起去吃飯的時候，走在騎樓不是被絆倒就是走錯路。於是大家就習慣走在我前面，像導盲犬般幫我探路，一邊走路一邊對後方的我大聲發出警告：「Emily 桑，前面有欄杆！」「Emily 桑，下面有階梯！」「Emily 桑，等下右轉。」身為臺灣人，下班後我沒當地頭蛇，反而都是他們一堆日本人帶著我探索臺北。對於我三不五時下班後呈現放空狀態，他們也欣然接受，並總是全力支持，這種故事不計其數。

譬如，有一次我上班坐通勤火車時睡著，結果把媽媽託我送乾洗的衣服留在火車上，進了辦公室後，發現那包衣物已隨火車南下。於是我一整個早上都在追那列南下火車，一一打電話詢問每一個停靠站，可有看到一包衣服。全公司的人一邊工作，一邊在聽我播報追衣過程，彷彿聽球賽般緊張，每個人一有空檔就來問我：「Emily桑，現在追到哪一站了？」（因為大家非常了解家母的脾氣。）大家也開始猜想，如果這套衣服真的追不回來，我的下場會如何。所長當時指著事務所中珍藏的那瓶最貴、飄著金箔的日本酒說：「如果衣服找不回來，Emily桑回家後可能看不到明天的太陽，那我們今天下班，就開了這瓶頂級日本酒來喝吧。」

後來那列火車在中午抵達終點站高雄，我追到衣服了！二話不說立刻告假，坐飛機來回去高雄拿衣服，當我把衣服成功送洗再回公司時，大家全都列隊歡迎我，為了慶祝，我們還是喝了那瓶金箔日本酒！

我真的好愛我的團隊，而他們也愛我並包容我的一切。但我知道，我們終需一別。

從拼圖大學畢業並不容易，比任何離職都困難。因為你的付出，讓你與團隊已經無法分離，這是愛的頂點。但如果捫心自問，自我探索還沒有結束，就必須誠實地啟程，這從來不是容易的決定。

但，我還是決定從拼圖大學畢業了。

5-2

從探勘黑金到探勘華服

上一個工作，我是戴著保護頭部的安全頭盔，抵達大海中經緯座標的油井鑽探點。下一個工作，飛機則是降落在法國巴黎的古堡中。

就如同電玩闖關，第二關起畫面變得完全不同。

古建築有優雅的法式細節，與歷史層次的斑駁，映著從高聳玻璃花窗透下的自然光，照在走動的白淨精緻禮服上，穿著禮服的金髮模特兒，簡潔地束起金色馬尾，讓高級訂製服成為主角，緩步從古堡長廊中走出來。禮服的浪漫層次像一朵朵從夢境中走出來的花朵，猶如教堂中天籟的歌聲，在空氣中繚繞。

我一邊仔細觀察每一套的細節特色，一邊寫下款號及數量。下完禮服的單，下一站是百年歷史的家族工坊，專為高級訂製服製作手工花朵，每一片花瓣都是珍貴的羽毛手工染製，每一朵花都像世界上最稀有的一隻鳥，幾朵的價格可以買半臺國產車。接著趕去看製作手工頭紗的法國工坊，訂下滿滿是珍貴手縫花瓣的頭紗，任誰戴上都是精靈般的夢幻。

石油探勘後，我轉換產業，負責經營一個頂級奢華的禮服品牌。這工作反差也太大了，但我只能說當你竭力蒐集能力拼圖時，許多機會在你身邊，以無法想像的方式展開，這就是命運交織的方式。但你得先付出，不是坐等好運。

從天而降的工作

當我準備離開石油探勘的工作時，從美國到阿拉伯，許多其他國家的石油探勘公司都與我洽談過，希望我能夠考慮轉到他們的陣營。我並沒有答應，因為心目中期待晉級後的工作畫面，有更不一樣的探索。

有一天，我在辦公室接到一通電話，是一名認識的外商總經理。「Emily，有一個人想要認識你，你聽過○○企業嗎？這個人是○○企業的老闆。」

「好像聽過這個企業，但不熟，為什麼要認識我？」

「你不是想換工作嗎？可以去了解一下她的產業，我覺得你會有興趣的。我們是在一個飯局偶然聊到你，她對你這個人很有興趣，請我務必安排你們見面，所以我現在是受人之託。」

於是我和這名企業主見了面（以下簡稱J），她向我解釋，她所經營的產業多和民生消費有關，她認為我在那樣的產業，會比在陽剛的石油產業更有發展，希望我能考慮轉而為她工作。離開時，她給了我一張名片，告訴我如果有任何疑問都可以打給她，兩個月後我們會談了第二次。

我考慮了大約三個月，做了一百八十度大轉向的決定，與其留在石油探勘產業，即使薪水和職位晉升，但探索值已經變小。J的企業對我而言，探索的空間比較大，因為我完全沒有那方面的涉獵，全部要打掉重練。我之前在純日本企業的體制內，所處的產業也與臺灣市場沒有任何關聯，所有我做過的事情，好像是另一個星球發生的事，我不像一般上班族，對臺灣的企業那麼熟悉，對J的企業，我一無所知。

當時從Ｊ給我的名片得知，她是著名企業的總經理，光聽這個職稱，好像也不特別，畢竟到處都可以遇到一個總經理。直到我第一天踩進集團總部工作，才知道自己踩進了什麼世界，也才知道和我對談的Ｊ在工作上是什麼樣的角色。

原來這是一個資產總額超過五千億的集團，橫跨傳統製造產業到消費產業，從水泥營造、紡織，到商業銀行、連鎖百貨、運輸保險、國際觀光飯店等。所以，Ｊ不是普通的總經理，而是這整個集團的總經理，下面還管許多總經理。所以應該說，Ｊ是總經理們的總經理。

既然Ｊ是總經理的總經理，那我呢？我來幹什麼？我是來填補任何因有人離開而懸缺的職務嗎？不是，並沒有任何職務空缺等著我。Ｊ純粹就是要我這個人進來，顯然她對我有些直覺，但一切尚待驗證，這點我非常清楚，也有自知之明。Ｊ如果是伯樂，那我得證明自己是不是千里馬，她到底有沒有看走眼。

Ｊ的辦公室外面，緊連著是一間開放式的大辦公室，更外面則是一整個祕書部門，還有集團的董事長辦公室。開放式辦公室只有兩個位置，一個是Ｊ的總祕書，負責總管聯絡其他的祕書們，並過濾外界與Ｊ的聯繫，算是非常重要的職位。祕書部門則坐著非常多位集團內的資深祕書，除此之外，在集團其他事業體中，J還有各種不同性質、不同語言的祕書。我想J最不缺的，就是祕書了。

我問J：「你要我幫你做什麼？」她說：「我要你做我的分身，去執行我無法抽身的事，但你必須對我的要求非常了解，在那之前你就先當我的左右手，跟著做所有我做的事，並增加對我的了解。」聽起來，她也還沒有譜，我也還不清楚我能幹嘛，又回到和第一關剛開始的時候一樣。

我的辦公桌在總祕書對面，與J只有一牆之隔，J如果走出辦公室，會第一個看到我，然後是她的總祕書。這整個集團，我除了認識一位總經理的總經理，其他的我一無所知，我簡直是從天而降，降在集團的最高層旁。我在第一天上班時，陸續有銀行及人事部門的專員到我的位子上，幫我補齊所有一般新進人員的行政程序。

我是J第一次越過人事部門，自己去外面找進來的人。或者應該說，J從天而降，降落在我的人生，讓我從天而降，降落到了當時的工作位置。如果沒有在拼圖大學努力畢業，這一切都不會發生，也預想不到。

上班沒多久，總祕書就要去生小孩，於是Ｊ要我在這段期間，開始暫代總祕書的職務，順便也可以熟稔她的貼身網絡。過幾天，Ｊ要出國，我按著總祕書的教戰守則，戰戰兢兢拿出一個大文件袋，當中有出差需要的各種證件外幣等，交給正要離開前往機場的Ｊ。她看起來心情很好，笑著和我說：「Emily，這裡一切都交給你囉，我們三天後見，Bye～」Ｊ露出難得的輕鬆神情和語氣。

Ｊ前腳剛走，祕書處一群資深祕書走了進來：「老闆看起來心情很好耶，可見你把她照顧得不錯喔～」一陣閒聊後，大約十多分鐘，一位祕書慌張地衝進來，很緊張地喊：「Emily接電話，接電話，老闆找你！」

結果我聽到Ｊ在電話那頭大喊：「Emily，我的護照呢?!信封裡面沒有護照，你要我怎麼出國，你不是有檢查嗎?我現在掉頭請隨扈上去拿，你真的是×××……」我馬上翻出總祕書給我的寶典——什麼，護照在保險櫃?哪個保險櫃?什麼，還有密碼?什麼，密碼不是用按的?是用轉的?什麼左三圈右一圈半?現在已經幾圈了?我手都抖了!我到底轉到哪裡去了?車快到了人快上來了，怎麼還打不開?這是什麼電影情節，天啊，我從來沒想過上班要考這個，簡直比我把整艘探油船撤退還緊急。

終於，在隨扈抵達門口的那一刻，我打開保險箱了！找到護照後，飛快地像短跑接力那樣交給隨扈，事後我緩步回到座位，整個人簡直快虛脫了。

外面的資深祕書們知道警報解除，開始安慰我：「哎呀，沒關係啦，老闆氣一下就沒事了。」我也稍微鎮靜一下，喝了一口水。五分鐘後，外面的祕書比之前更慌張地衝進來，「Emily，接接接接接接接電話，老闆找你！」喔不～～我心中感到不妙，趕快拿起電話，我想我的老闆已經快要喪失理智了：「Emily！你為什麼要拿我兒子的護照給我××××××……」老闆已經快氣瘋但沒有罵髒話，她修養很好，但我真的快腳軟了。

什麼？我以為保險櫃裡只有J的護照，所以裡面還有其他人的護照？這保險箱到底有幾本護照？難道剛剛那麼緊張的事又要再來一次？我剛剛是怎麼轉開的？天啊，我的手在抖，我快緊張死了！隨扈快來了，這次秒數更短！我打開後，把護照拿出來好好地把照片看清楚，然後交給跑得比上次更快的隨扈，因為快來不及上飛機了。

這次外面的祕書們，沒有人敢再進來安慰我了。當下我了解一件事，如果我沒有證明自己是一匹千里馬，那我也沒有退路了，因為看起來我也當不成一名祕書。這件事情讓我知道，每一個人的才能真的都不一樣。因此總祕書生完孩子後，我每天都打電話「關心」她，希望她可以趕快回來工作。

之後，我恢復與J同進同出。J每日從早到晚，馬不停蹄地在各事業體巡查和開會，因此每一個小時的會議性質都不同，我如影子般跟隨，她在哪我就在哪。我每天參與她開的每一場會，發現這些會議雖然主題不同，但同樣都很棘手，才會上報到她這裡。我當時才驚覺，這樣忙碌的她，居然為了我二顧茅廬，我真是何德何能，可以站在一個巨人的肩膀上，參與這些決策的過程。因此對於她的交付，我絕對鞠躬盡瘁，用盡我所有的力氣。

J雖是女性，卻是我共事過最有魄力的老闆，這些特質我在男性管理者身上也未多見。要管理龐大的集團，她的效率和要求非常嚴格，不然無法日理萬機。她的訓斥有一種非常正義凜然的特質，我看過許多大男人在她面前，因為工作的錯誤，面對她的質詢緊張得發抖，她的眼光犀利，令人無所遁形。集團內，很多人知道我與J

貼身工作，都流露一副「請保重」的樣子。

但我越仔細觀察J，越感到她其實承受了很大的工作壓力。我除了處理她所交辦的事務外，還一邊摸索能夠提供什麼協助（提供未開口的需求），我觀察她對事物的反應、標準、價值觀、重點喜好，將自己放在她的位置，感覺她的一切，思考我能幫她做什麼。

我認為最耗費她精神體力的，莫過於會議中懸而未決的重大議題，當會議時間結束卻尚無結論，通常下一個事業體的會已經箭在弦上，另一批開會的高層早在辦公室外等待，因此懸而未決的棘手議題只好擇日再議。但我認為J的時間有限、非常寶貴，重複再議，十分浪費她的精力。

於是我開始在參與一整天的機要會議後，把那些懸而未決的議題，根據我對J的了解，為她可以做的可能選項提出分析，各有何利弊得失，整理出重點絕不超過一張A4的報告，放在她的桌上，明天她上班就會看見。

不要給老闆問答題，要給老闆選擇題：選一還是二，各有什麼利弊。老闆都很聰明的，不要寫太多廢話。J看了以後，沒有說我做得好，沒有任何的評議。但她直接選了其中一項交辦下去，然後這件事就無須再安排會議。

Bingo！我減少了她的負擔，我把這當成我該繼續這麼做的意思，開始以她的思維去思考、處理這些機要事務。我非常喜歡這樣有挑戰的快節奏，後來有很多事情，往往在她還沒有要求之前，我就已經完成工作，而且勝任愉快。

對付嚴格的老闆，就把自我要求設得比她還嚴格就好了。慢慢地，J 面對我的時候表情明顯放鬆，會和我聊一些柔軟的私事。回想我們兩個人聊天最多的是「轉場」的時候，也就是司機把我們從 A 地載到 B 地前往各種會議的路上，或是坐飛機的時候。有的時候走完最後一個行程，她會說好餓，去吃飯吧，我們會去她喜歡的小館子。有時她會請司機送我回家，然後一路和我聊到下車。

很快地，我和我的老闆培養了良好默契。而我的腦筋，因為每天都可以處在集團的決策頂端高速運轉，感到非常興奮。她原先對我的培養計畫是兩年，兩年貼身工作下來，應該可以當她的分身，單獨管理某個事業，沒想到這件事因緣際會在六個月後就發生了。

讓老闆知道你擅長什麼也是你的責任，不要等著別人來解讀你，請你自己把能力拿出來。像我不是當祕書的料，但我讓老闆知道我很適合當管理和決策者。

當機會來臨，不要猶豫

這個頂級奢華的禮服品牌，原先是我手中籌備的其中一個案子，J 傾盡所有最好的資源來打造。門市採低調奢華的設計，有國外的廣告公司前來提案，有歐洲各國奢華品牌的禮服結集，延攬法國高級訂製服的設計師，組織禮服工坊團隊、專業的彩妝團隊、專業的攝影團隊，以及管家服務式的銷售團隊。品牌的打造過程，我只負責籌劃，後續的營運原本設定並不是我的工作。

品牌的銷售對象，是針對金字塔頂端的客人，一件禮服的價格，從最基本的十八萬起跳，到五十萬不等。禮服不提供租賃只能買斷，每一位客人都會被指配一位如管家的銷售人員服務。當年的消費水準不比今日，當時網路才剛萌芽，科技新貴不如現在多。如此頂級奢華的高價商品，在市場上簡直是天方夜譚，即使一線的法國品牌，也無法只銷售這樣價格帶的商品，我們卻只販售這樣起價的商品。

當時 J 挖角了一名高階人才來經營這個奢侈品牌，但那位人才到位後，了解所有頂級條件皆具備，唯一不知道的是開幕後客人在哪裡。於是在報到一個星期，那位人才就默默在辦公桌內留下辭職書，表示無法勝任。

眼看品牌開幕在即，原本屬意的經營者卻落空。J和我說：「既然這個案子從頭到尾都是你在籌畫，Emily，你去經營吧，雖然我之前說兩年後再單飛，但我覺得可以了，你自己覺得如何？」

我安靜了一下，問她：「企業並不缺一個品牌，你已經擁有連鎖百貨和這麼多品牌，為什麼要花這麼多資源和精力，成立這樣一個頂級品牌？」

她說：「算是我的夢想吧，這是給自己留著的禮物（事業）。」她講的時候眼睛發亮。

我相信這是她的夢想，因為我們去看那些精緻的布料時，她眼中湧現少女般的愉悅神情。J雖然身為集團最高主管，但她不是喝下午茶的貴婦，不是買名牌包的名媛，她是扎扎實實的企業家，她的生活嚴謹，比一般上班族還要規律，我下班還會找朋友喝酒聊天唱卡拉OK，但她律己甚嚴，連貼身的隨扈都說，老闆的生活真的比他還無趣，下班立刻回家不應酬。

我理解她不是崇尚奢華，是她覺得那真的是很美麗的事物，而我跟著籌備了那麼久，對整體的組合，也產生很大的期待和感情，我真心覺得這品牌的一切都美極了。我想幫 J 達成夢想，也想探索這樣美麗的世界，心中很澎湃的我立刻答應了。

「Emily，你會怕嗎？」J 問。

「你都不怕了，我為什麼要怕？」我笑了起來，把斥資巨額的高級訂製服品牌，給一個六個月前還在挖石油的人經營，我如果是她我才怕呢。

就這樣，我踏入了流行產業，但我第一腳就踩入門檻最高的地方，高到很少人能來此消費，這是市場未曾出現過的產品，沒有前例可循，沒有教戰守則。然而，面對 J 對我的信任，我也許不能給她護照，但我真的會想辦法把天上的月亮摘下來給她。因為「一個市場從未出現，沒有人敢接手經營的豪奢品牌」，這麼多的「從來沒有」，太符合我要登陸月球的標準，我確定這個工作寫了我的名字。

5-3

挑戰不可能的任務

客人來了，客人走了

走進品牌，整棟樓散發出奢華的低調感：超高厚重的玻璃門、水晶燈、素雅的鮮花、亞麻色的沙發、純白大理石的地板樓梯……沒有展示半件禮服，因為這樣的價位，不是任何一個偶然路過的人能消費的，這些空間是為預約的客人而準備，而進行服務時，亞麻簾幕會各自拉起，不會看到任何其他組客人。

我掌管門市銷售、彩妝造型、攝影、服裝工坊四個部門，這些主管的年紀都比我大，他們各自在本業都耕耘已久。而我這位經營者昨天才踏進流行產業，而且要帶領大家挑戰最高價位的商品。

我們唯一的廣告露出，在五千呎的高空某航空公司的刊物上，廣告中詩般的字句襯著我們美麗的禮服。我們的高度太高，沒有人能夠觸及到我們。

之前我雖擔任管理工作，但並不需要擔心每日營收，然而經營一個零售品牌，無論是五百塊還是五十萬的商品，都是一種與錢的近身肉搏戰。每天開門營業就背負了所有的投資，龐大的人事開銷、貨品庫存等壓力，況且流行商品的價值每天都在流失中，有如倒數計時器滴答滴答響。

這次我管理的團隊，從有個性的服裝設計師、打版師傅、彩妝造型師、攝影師到服務銷售人員，他們都從事對「人」的服務，而我原本朝九晚五的工作處理的「事」多於人。這是一個我沒來過的世界。所以，在這個事業要用的能力，沒有一樣是過去我已經被證明過的，這裡對我而言是充滿拼圖寶藏的地方。但事情並不因我滿懷興奮地想要探索，就會變得順遂。

陸續有不多的顧客預約，但銷售部門完全難以成交，最悲慘莫過如此，不是沒有客人來，而是——客人來了，然後客人走了。

顧客管家所屬的銷售部門，是先接觸到客戶的第一批人。如果銷售部門沒有任何成交，後續服務部門，從攝影團隊，及斥資的攝影棚、彩妝團隊、擁有高技術的禮服工坊、高價的布料成本、專業的服裝設計師等，全—部—都—是—空—轉，毫無用武之地。沒有可靠營收，每日營業都是耗損驚人的成本。

銷售人員擔心自己的業績會影響薪資，開始哀聲連連，認為產品曲高和寡，價格高到不可能成交，於是開始鼓譟、背後議論紛紛，甚至有人想重回熟悉的行業，認為這個貴死人的商品不知要賣給誰（畢竟連我這個經營者都才剛踏進這個行業，我想這也夠令人擔心的）。第一線的銷售團隊雖未明言，但自認掌握籌碼，因為如果他們離開，這個品牌應該就沒戲唱了，於是開始強力要求公司必須將商品降價求售，或是採取如他們以前待過的公司，把禮服變成租賃，這樣才容易成交。

我理解，我想要的願景，只有自己讓它發生，別人才會相信有其可能。

於是在人心惶惶時，我聯絡了一位娛樂圈重量級的人物前來試穿，我自己降級當銷售管家服務ＶＶＩＰ，親自服務我的客戶，最終結案時，我請銷售人員進來拿單結帳，總共三百多萬。

第二天，我召集所有的銷售人員，以嚴肅的口氣斬釘截鐵地說：「不要再說這商品太貴要降價。相較於商品的稀有性和高成本，其實價格不但都不貴而且還非常划算，但如果連銷售的人都不明白自己賣的商品價值為何，那是你沒有賣高價商品的能力，請你今天就離開，我認為你不適合這裡。

「沒有離開的人，明天開始會請設計師幫你們上課，進修高價流行商品的知識，另外集團的銷售顧問也會來上課，增加你們的服務技巧。你們身上都穿著高價的套裝制服，但你的能力要配得起這樣價位的商品，我會幫你們裝備到你可以去應戰，但你要把自己當作一張白紙，我不要聽以前你在哪裡做過什麼，那些都不管用，除非你願意重新開始，到你從來沒有的高度。如果你不具備這樣的特質和意願的話，請你千萬不要勉強留下來受訓，我等著收辭呈。」

結果，所有的人士氣大振，不但沒有人離開，最後我訓練出一支實力堅強的團隊，甚至陸續還有人想進來。在我們達成業績目標的慶功宴上，銷售部門的主管，一位極有魅力的女性，帶著似笑非笑的神祕表情來找我：「Emily，我是來謝謝你的。」當時她兩手各拿一支大瓶的臺灣啤酒：「來，乾瓶。」她用眼神詢問我，願不願意接受挑戰？這是銷售人員的致意，全公司都在圍觀，大家眼中都是問號，因為當時我身上穿著全套的亞曼尼套裝，與啤酒很不搭，大家估計我應該不會回應這麼江湖和瘋狂的邀請。

我接過了她的酒瓶，笑著說「來吧」，兩個人開始乾瓶，所有人眼中變成驚嘆號，我們兩個同時各自乾完了整瓶臺灣啤酒，大家全部進入瘋狂的歡呼慶祝。真的是所有訓練都不會浪費，想不到我與一群陽剛的石油探勘男工作時訓練出的酒量，還會用在這裡。我乾完整瓶後就離開了，我說：「公司會付今天所有費用，大家放鬆好好玩。」這種時候老闆是不需要在場的，這樣大家才能暢所欲言，發洩一下。

在那之後，無論是銷售或各部門，我算是完完全全地成為了所有人的老闆，大家毫無質疑地往我說的願景前進。要讓人打從心裡願意跟隨你，不是靠職稱，你得要「贏得」這個職位。

成立幸福夢幻的事業

之後，我們成為熱門的頂級品牌，每季固定發表的禮服大秀（志玲姐姐當初也走過），媒體和流行雜誌必定刊登。每天只能消化固定ＶＩＰ組數的門市，常常滿檔需要排檔期，媒體採訪也不斷。

當時整個品牌的團隊，在我的帶領下已經都有一致性的使命感，每天的工作雖然辛苦但很興奮。因為我篤信我們賣的不只是高價商品，而是幸福的服務，這個稀有的高價禮服，只是我們服務的工具，我希望每一個女人進來的時候，都能夠滿足她的想像，在她人生的重要場合成為最美麗的夢幻主角。

但夢幻事業要有鐵腕的管理，不然怎麼有資格提供頂級的服務，因此常有女性員工淚灑當場，在我和她檢討工作上的錯誤時，哭得一把鼻涕一把淚。我通常會冷靜地看著她：「你現在有兩個選擇，一個是我給你兩個小時的假，自己去外面冷靜一下，再回來找我解決這個問題；另外一個是，你可以現在就回去盡情哭個夠，然後不用再回來了。」結果聽完，通常會哭得更大聲。

我的老闆J和我說：「女性員工有時候就是情緒一來，無法聽任何理性的建議，要和女生講道理，得先處理她的情緒，你要多了解女生的想法。」

身為女性，我居然被老闆勸「要多了解女性的想法」，我頓時了解，原來我的思考並不是一般女性啊。根據當時和我一起密切工作的設計師，後來成為我的摯友C

說：「你的思考根本是比男性還要男性吧。」怪不得我在探油事業如此如魚得水，這是當初念文科的我，如果沒有探索也不會發現的大拼圖。

我一面用理性腦管理，但我的感性腦，卻非常熱愛這美麗的事業，每天都思考如何還能讓女人更美。對於非銷售性質的部門，譬如彩妝與攝影美術設計團隊，我則是用不同的管理方式，激發他們對美感更進一層的追求，隨時給予資源輔助，但又不能脫離商業服務目的，我必須要兩者同時兼顧。而管理設計部門及高級訂製服的工坊，難度更高，要將工藝達到極致，但又能符合企業經營，這當中所有的掌握都難以規格化，還好當時駐店的設計師C，有堅強的實力能夠與我配合。這個事業經營，每天從早到晚所有的決定都繫於我，各種事情等我定奪，有時我正要下班，從四樓走到一樓卻花了一兩個小時也走不到，不是因為樓梯很長，而是因為每走幾階，就有人想到還有事情要我決定，很難走到門口。

即使如此，我仍樂此不疲，我熱愛看到每個女人進入法式高級訂製服的細節討論時，在斟酌每一吋設計、每一個細節的決定時，那種驚喜開心的神情，因為真的被當成公主般寵愛，穿著世界上絕無僅有、專為自己打造的高級訂製禮服。在照鏡子時，我覺得每一個女人都是小女孩，都在發光。我見證了服裝能帶給女人最美麗的禮物。真正的合身不是貼身，而是完美修飾身形，當中有恰當的空氣流動，不需要完美的體態，而是需要完美修飾的衣服。我往後經營大眾流行品之所以特別在意版型，就來自於經歷服裝能產出極致美感的影響。

每天打造如此多的頂級服務，讓我感到優雅的豐富。但高級訂製服，過程是如此耗時耗工，因此在經營上，我不接受任何名人代言。名人因為習慣幫品牌代言，與品牌彼此互惠，讓品牌得到媒體曝光，自己得到優惠或免費，為市場操作的潛規則，我常收到許多希望尋求合作代言的要求，但我全部都拒絕了。我的品牌沒有折扣，這些名人每一個都背景顯赫，從娛樂圈到政商巨賈高收入人士，每一位都是VVIP，但每一個人都得付全額。連我的大老闆J都倍感人情壓力，畢竟認識她的名人不少，有幾次老闆來說情，但我搖頭說不行。不過這樣的堅持，最後反而可以讓這些重量級的名人，回歸顧客本質，而不是相互合作利用。所以我也不會談論或炒作任何顧客的服務，一切都在我的記憶裡保存。當然也不會有名人在媒體前宣傳穿著我們的衣服，因為身為付費的顧客，沒有打廣告的義務，只要專心展現自己美麗的樣子即可。

事物回歸根本，反而能夠用「真心」工作，提供幸福服務的目的，漸漸地大家也變成和我一樣，每天非常期待上班會發生什麼幸福的事。譬如，某天有一位客人，約定要拍攝一組大頭照。我們有完整的攝影棚設備及攝影團隊，若當天棚是空的，也會偶爾接受預約拍大頭照，費用當然比外面的照相館貴很多，因此會把我們當一般照相館用的客人並不多。

當天，一名女員工氣喘吁吁地跑上四樓辦公室找我：「Emily，我要給你看一個東西。」她非常興奮，眼睛瞪得好大，好像發現了什麼寶物：「你看這個預約單，這是下午兩點要拍大頭照的客人。」

「有人要拍大頭照喔，難得。」

「你快看日期！」當時預約單上有一個欄位是生日。「今～天～是～她～生～日～」

「天啊，你太棒了，所以她生日這天，特地預約來我們這裡拍一張大頭照？」

她猛點頭，我們兩個人開始尖叫。我當時心中升起了煙火，我的團隊真的完全知道我要什麼，並且和我一起瘋狂，我好愛她們。我馬上告訴全員我的「作戰計畫」……

當天下午預約的時間一到，一位表情非常漠然的都會女子進來。誰會在生日這一天自己一個人來到高檔的禮服攝影棚，單純只為拍一張大頭照呢？這是個什麼樣的生日呢？總覺得有些寂寞。

那位女子，在四樓美麗而空曠的攝影棚，坐在椅子上正聽著攝影師的指示……

「好喔，微笑一下～」攝影師按下快門，喀嚓！

突然，整個攝影棚的帷幕打開，一整排工作人員連我在內，從幕後走出來，在黑暗的攝影棚裡拿著點著蠟燭的蛋糕，輕聲地唱：「祝你生日快樂～祝你生日快樂～～」

偌大的淚水突然斷線般，從她的眼中不斷流出來，她說不出話來，只是不斷不斷地掉眼淚。我們所有的人，唱著唱著也熱淚盈眶。原來感動別人，還會回頭加倍感動自己。事後大家各自回去崗位，雖然口頭上沒再多說，但我知道，我們都好愛在這裡工作。

有一陣子許多員工陸續去上了心靈成長課程，最後結業時要邀請一個最想感謝的人，我很榮幸地有好幾個星期，不停被不同的人邀請，去接受他們結業激動的表白，一個個對我又哭又抱，讓我也又哭又笑。

明明是最嚴格的我，為什麼大家還這麼愛我呢？我想，是因為我是用真心，面對所有的人和工作。我對他人說的每一句話、做的事，不是因為工作所需，是因為我真的相信，換言之，如果我不相信的事，我也不會因為是工作就去執行。

當我創造一個良善的工作環境時，我看到每一個人內心中升起的美好，都完整地被釋放，這股力量聚集起來，就如雪球般越滾越巨大，這樣善良的力量會保護我們，在抉擇的時候不會為追逐金錢而偏離初心。

由於高價商品的特性，每天置身於頂級物質中，若沒有清楚的方向，很可能變成數字計量的追求，失去幸福的真諦。我感謝那位只拍攝大頭照的客人，她出現在那樣的時間點，讓我們有機會參與她人生中一個特別的生日，她同樣是把人生重要的時刻交給我們，和我們那些VVIP是一樣的分量。我不知道有沒有可能，她看到這本書，而能知道因為她，我們都過了別有意義的一天。

在我們品牌名聲最頂峰的時候，我隱約也感到品牌最困難的開創部分，任務已經完成，接下來是守成，這部分可以找別人來做，但我能探索的空間已經不大，我該告別了。那一天到來的時候，大家都充滿不捨的眼淚，製作了畢業紀念冊給我，裡面滿滿是每一個人與我的合照和留言，其實我得到的，遠遠大於我給他們的，他們讓我看到，如果清楚辨別自由工作的目的，商業利益與善良是可以同時存在的。

雖然我也捨不得他們，但終須一別。為了探索這個世界，我還必須繼續前進。

5-4 —— 挑戰不可能的任務二

迷路，才知道對的路

離開奢華品牌，是我主動請辭，除了名聲推到頂峰，階段性任務達成外，同時我也正處在結婚的當口。辭職後我離開了臺灣數月，本為籌備婚禮，後來卻改變主意，因為我太喜歡工作了，當時我不認為自己準備進入婚姻。那是我另一個不按照人生完美劇本的演出，但這本書主要是討論工作，所以我們不要離題。

回臺後，我的新起點是在一個國際彩妝集團，經營國際彩妝品牌，除了管理還有非常密集的媒體活動，常帶著歐美日籍彩妝大師，在媒體前展演新產品。大家對我同步以中英日溝通的能力感到很驚訝，集團認為我具備帶領流行團隊的實戰經驗，看好我未來的發展。但我卻很快地了解，這個地方並不適合我，因為國際品牌的商品策略，都已經在總部制定完成，到了各國發展，只重公關執行和業績目標的達成，無法參與商品成型和創造的部分。也許對很多人而言，為知名國際品牌工作是他們的理想，但我偏好重度探索的追求，這種自主性太少的工作並不適合我。（當你的自我理解三角形越廣，你就能越快排除雜音，真正幫自己做適合的決定。）

而我頻頻出現在媒體上，很快Ｊ便得知我已經回臺工作，約我吃飯。結果我在彩妝集團只待了兩個月，馬上又回去幫Ｊ工作。

流行產業的另一個市場價位挑戰

J對我說：「我很少見到像你這樣，非常有創意夢想，但卻同時擁有很強的執行力。通常人有其中一項就不錯，但很少人兩種都有，你很像年輕時候的我。我認為你應該專做開發性的事業，因為那種事業只有你能夠做，當你把模式建立好後，我可以將你開發的事業交給別人，找人繼續守成比較容易，開發沒有人做過的事比較困難，你很能解決問題，所以下一個任務，你進去集團的百貨體系，進行商品開發。」

雖身為集團的總經理，但她投注最多，也最為人知的成功事業，是與日系百貨競爭，成為市場上唯一倖存的本土百貨品牌，並且成功轉型成年輕時尚連鎖百貨，成為許多人研究的市場教案。但J很低調，不願受訪不喜歡拍照，常常都是讓部屬受訪，以致很多人其實並不知道她才是一切改變的推手。J的連鎖百貨公司，是針對年輕族群、輕熟女客層的百貨，當時廣受年輕人喜愛。

當時J在百貨經營上的挑戰是，日系百貨的連鎖店數較多，J的店數較少，因此日系百貨常會挾自身的數量優勢，對廠商祭出抵制條款：若進櫃J百貨，則被日系百貨全面封殺。J百貨生存的方式則著重商品開發，擅於發掘市場上創新的年輕流行品牌，這些原本默默無名的品牌，進入J百貨的潮樣空間，加以包裝改造，引起關注和話題後，往往就被日系百貨接手進櫃。J百貨雖然能夠生存，但要長期為人作嫁。

所以這次J給我的挑戰任務是，從事商品開發，創立新品牌，進駐自家百貨。雖然J已經有自家品牌，但都屬代理的性質，她不要我代理現成品牌，而是創造一個市場上沒有的話題品牌，完全針對J百貨的屬性和客層而設立，這樣更有原創性和新鮮感，除了有集客效果，還能拉大與其他百貨商品的差異性，而且最重要的是——無法被挖走。

不同於前次奢華品牌，這次J沒有給我任何規劃腳本，而是要從零開始，創造一個新的品牌。從零到一百，全部要一條龍完成。但創新，就像是蛋糕上最誘人的奶油櫻桃裝飾。我得先了解這整個蛋糕的結構，才能確保做出的成果是不同於市場上已有的商品，是最上面那誘人的奶油櫻桃裝飾。

我從經營一個超高價位的豪奢流行市場，進入經營年輕流行的時尚百貨產業。所謂「百貨」，真的是包羅萬象，從男裝、女裝、配件、珠寶首飾、化妝品、餐飲、運動、音樂等，幾乎就是流行文化所有的一切。我不是要了解一種商品，我要了解所有的流行商品。

此後的工作，我仍然必須到世界各國，但方向不是尋找頂級商品，而是針對歐洲到亞洲的百貨及商品，進行地毯式調查。歐洲的文化辦事處，也會幫我出機票安排行程，約見當地的製造廠商。（在代表一個五千億的集團對外採購時，對方很少不慎重以待，但我很清楚那是因為我背後的大老虎，不是因為我。）除了頻繁地在歐洲、亞洲看秀看展下單，此外百貨也經營餐廳，我也會參與菜色研發，在國外考察各種新的餐飲市場，或是幫集團其他的事業體，探索任何非限於百貨的商機。總之研究食衣住行的搶鮮趨勢，並將它變成實際品牌進行商品行銷，就是我工作的全部。在臺灣的時間，我也天天和百貨所有部門一起同進同出，了解賣場管理招商、商品提案、企劃主題包裝，與日本團隊討論改裝規劃，與日本專家進行拓點商圈研究……

我每一天時間都不夠用，只要張開眼睛，都飢渴地想要吸收目前發生的一切，理解是為了創造出蛋糕上的奶油櫻桃——畫龍點睛的商品企劃。我要在創新的百貨中，創造更創新的品牌。

成立商品開發團隊

很快地我抓好了定位，成立百貨的新商品開發部門，執行百貨集團內的各種創意任務。與奢華品牌不同，這次我挑選組織的團隊成員相對年輕。並且由於自己不按牌理出牌的特質，因此我不迷信經歷，甚至偏好任用毫無相關經驗但有潛力的人來作戰。我所要求的工作性格很難言喻，但我常常能一眼認出我想要的特質，因此能從各方不同的人馬，打造一支能夠衝鋒陷陣的隊伍。

根據我的經驗，一個開創性的人才，除了工作需要的基本條件外，如果一定要我說一個人格特質的話，通常是有幽默感的人。而工作韌性是我後面續用的標準，只要發現沒有韌性，也激發不出來，我開除人毫不猶豫，我會馬上請他去找更能發揮的工作，不要在此浪費彼此的時間，因為我認為這不是失敗，只是彼此不適合。所以能留下的人，都已經可以作戰。

我對團隊仍然很嚴格，我嚴肅的對話還是會讓許多人掉眼淚，請部屬出去冷靜一下的情況也常發生，但我工作時也有幽默感。和我一起工作的摯友C非常了解我的個性，有一次我和她開會時，面對一個棘手的狀況，兩人都非常糾結，在愁雲慘霧中我突然開了一個玩笑，C笑到一邊流眼淚一邊說：「Emily，所以我們現在的狀況已經這麼糟糕了嗎？」因為她知道，如果事情真的觸礁，我的幽默感就會啟動。這個笑聲就代表「現在狀況不太妙」。

如果在處境非常艱難的時候，你還能找出笑點，還笑得出來，通常忍受挫折的能力也比較高。而幽默感要信手拈來，無法假裝，那就是一種天生的創造力。我並非指你每天都要嬉皮笑臉，我指的是具有詼諧感的幽默，這是我的團隊人員普遍具備的特質，甚至團隊中原本不具備幽默感的人，也會因為整體的氣氛而變得幽默了起來，進而覺得工作非常有趣，產生更好的表現。

我的幽默感，年輕團隊總是順手就能抓住，而這也是當時我們最需要的，因為在一個龐大的集團中創新，很像教大象跳舞，這也是為什麼成熟的企業雖龐大，但有時難以與市場中的新創公司競爭（即使流行百貨已是市場上最靈活的大象）。因為創新，就意味著做和其他部門不一樣的事，自身創意和耐挫度都要兼具。這次我的管理方法與前一個團隊不同的是，我比較著重訓練他們的思考方式，因為他們的年齡層比較年輕，職涯都還有很大的可塑性，我不知道會帶領他們多久，但我總希望所有要求他們的，將來都是他們可以帶得走的能力。不知道是不是因為我曾經當過老師，我總是擔心年輕的生命錯過自己的潛能。多年後，儘管他們早就分散各處、已經成為別人的老大，我依舊為他們感到無比的驕傲，也因此我成為了他們一輩子的老大。

很快地，我的部門因為氣氛總是高昂，成為大家想轉調的部門，我也樂於與其他組織內的部門合作，一邊不斷為自己生出的品牌忙碌與展店，而我創造品牌的速度也越來越快，可以成為品牌許願池。

譬如，有一天J剛開完會，聽到某熱門品牌開出天價的百貨進櫃條件，於是走到我的座位旁說：「給我一個像〇〇的品牌，怎麼有人開出這麼刁難的進櫃條件，全世界只有那一家嗎？」不多說，我馬上飛英國，找類似產品供應商，創新商品的組合，打造一個比該品牌更多元活潑的樣貌，然後進駐自家百貨專櫃，並且故意放入非常有反差感的商品，引起媒體爭相採訪。

後來陸續有其他百貨主動聯絡，可不可以來他們的日系百貨設櫃（因為外界並不知道，我經營的是百貨的自營商品），我笑笑地回應「尚無去貴百貨展店的計畫」，只差沒說「應該一輩子都不可能有」。長期為人作嫁的J百貨，在此刻，我感覺在心理上為老闆扳回了一城。我喜歡達成老闆的願望，我非常愛她，她開心我也很開心。

一個探索的尾聲，是另一個探索的開始

隨著我越來越熟悉整體的流行百貨市場，以及從零開始創造品牌到進櫃、媒體宣傳銷售等一條龍的作業，我再次清楚知道，我的工作探索值已經越來越小。流行商品的持續更新變化，很容易讓你誤以為，自己也是不斷更新變化著。但我知道我的內在更新，與商品更新是不一樣的，不意外地，我覺得離開的時間到了。

這是一個非常困難的決定，畢竟J給了我這一切的經歷。這是我和她工作的第七年，我永遠記得那一天，我說要離開的時候，在偌大的辦公室，J指著她的位子說：「這位子以後就是你的，你為什麼要這樣？」J非常激動，她很少這麼生氣地和我說話。

「可是，你的位子不是我的人生規劃。」

「你做得好好的，我也幫你規劃好未來，這樣的大路你不走，卻要去走羊腸小徑，你解釋一下到底為什麼?!」

「即使你覺得是羊腸小徑，但我想要看到不一樣的風景，而不是預設的風景，對不起。」

我理解她的生氣，如果不賞識我，她就不會這麼痛心，我非常感激也非常抱歉。因為即使有一天，我真的坐在她的位置，得到一切令人羨慕的頭銜和收入，但偏離了探索的航道，對我而言工作就都沒有意義了。但這一切，我無法對任何人說明，因為只有我理解。

J見無法改變我的心意，說：「看你以後打算做什麼，我們就維持合作的關係吧。」後來J確實成為我轉到流行預測產業後服務的客戶。

我認為一輩子如果有人曾經這樣信賴過你，把這麼多不可能的任務交給你，那真是無憾了。這七年也是我唯一在臺灣企業的七年，她仍是我最感激的老闆，無論後來物換星移，也不會改變。

5-5

尚缺的拼圖塊，會帶領你未來的方向

那我接下來的工作呢？

當時我盤點自己的能力拼圖，已經完整蒐集流行產業內，從頂級高價到中低價位所有流行商品範疇，以及從零開始創造的市場實務經驗，我認為若能進入流行的源頭中，將我地毯式的實務與理論結合，對我的流行產業的完整拼圖，會有很大的幫助。

從拼圖大學畢業後，隨著高度挑戰不可能的任務，拼出來的樣貌會呼之欲出，**尚缺的能力拼圖區塊會是你的指南針，引導你前進探索的方向**。這就是基於自我認知的擴大了解，能清楚做出恰當的工作決定。

結果，轉換至歐美流行預測產業果然是個極好的決定，因為我剛好補上了流行預測資訊與業者間的鴻溝。因為若沒有應用的know-how，資訊就只是資訊，缺乏價值。我剛好成為補強兩方，成為兩種能力皆有的特殊存在。此外，因為天性喜好探索，連人生主題都是探索，探索在我基因當中像呼吸一樣的存在，對於研究流行趨勢，我有著天生和後天的優勢，確實是適合我的工作。

為了蒐集拼圖，雖然在產業的源頭，我卻喜歡深入到業者端，實際了解問題性質，並解決各種關於產品開發趨勢的問題。我解決商品趨勢問題的範圍，以輻射狀一路從上游紡織布料開發，中游男女服裝鞋包飾品各種流行商品製造業，到下游的各種品牌百貨零售業者。等到流行主軸業者都探索完畢，我又擴大到各種非服裝類的設計業者，譬如平面包裝、傢飾空間、工業設計、電子產業、電子消費產品等，提供各種未來商品的趨勢服務。我的探索從來沒有停止過，卻因此構築出只有我才有的能力。如同以往我的任何工作，我總是會以最高的角度出發，我的工作範圍，早已大於流行預測工作。

由於我善於分析，也善於解說，因此常擔任趨勢發表的角色。我非常擅長分析抽象事物，並給出具體的執行方向，我講述的方式，能依商品或聽者屬性不同，調整為適合對方的頻道。因為即使同一趨勢現象，對不同的商品則有不同的意義，譬如同樣都是女裝，可能風格不同，趨勢對其意義也不同。另外隨著聽者的職務不同，趨勢重點也會不一樣，譬如企業主的重點和商品企劃人員就有差異。而掌握這些不同，就是關鍵所在；掌握這些不同，也正是我的強項。

通常在業者新一季商品開發前，就是我為團隊講述未來趨勢藍圖的時間點。我腦中的移位功能很強，解說方式讓聽者容易吸收，好像吃了趨勢大補丸，開發靈感功力大增。為何「方便吸收」如此重要？因為在看似光鮮亮麗的流行產業背後，每一個製造環節都被時間追趕，大家都極度忙碌。我每次看到進來開會的商品團隊，原本都有著被工作轟炸的疲憊雙眼，等到聽完我的趨勢分析後，眼神全都活了過來，跑來和我激動分享：「天啊，我現在有好多想法，我知道接下來怎麼做了，我太愛你了！」

那種從無神到閃閃發亮的雙眼，是我工作最大的回饋，總是感動著我。當我在講述未來時，臺下那一雙雙發亮的眼神，有如我第一份教學工作中那些稚嫩孩童的眼神，都充滿好奇與渴望，看著我要帶給他們什麼世界。其實對我而言，經歷過的所有工作又像是同一個工作，這也許是因為我其實一直都是用同樣的方式在探索。

會寫書的原因，是因為疫情期間我開始思考，很少人像我如此透澈了解流行全盤的運作，而我所蒐集如此完整的能力拼圖，能不能真正嘉惠給這個世界，而不只是創造企業獲利。我認為流行和地球，我們應該可以兩者都愛，所以寫給消費者《「最美五套」質感人生穿搭》一書。當我們探討事物的根本，往往可以解決一切的問題。這也是我愛的探索，也因此我的工作範圍不斷地擴大中，除了製造業者，又擴及消費者。

我認為工作最終目的，是為了自由。一種維護信念和真理的自由，盡力讓大家都一起變得更好的自由。這應該是我們工作最終的目的，而我們一路探索的能力，就是為了支撐我們，勇敢地做自己相信的事。

隨著工作視野越來越高，每一次要選擇捨棄的事務就越來越困難，因為我都是在做得極好的時候離開，而不是在無法忍受的情況下離職。一路以來，我從來沒有忘記為什麼要工作。那些外界的禮遇和頭銜，我很清楚並不是「我」的一部分，那是工作附帶的。如果工作時沒有這樣清醒的意識，就會慢慢把自己等同於職業和頭銜，而捨不得放手，最後不知為什麼而工作著。

我真正能掌握的，其實只有我能帶走的能力，因此我誠實面對有無探索實質。隨著手上的東西越來越誘人，我也必須學會懂得放下，而不是抓得更緊，才會一直看到新的探索世界和自己。

而那些探索得到的能力，也是我最真實寶貴的力量。如果你還想聽故事，我可以介紹三位我喜愛的角色，一女二男，分屬不同世代年齡層，但都很會解決工作問題，看完會增加你解決問題的勇氣。

1. 田中麻理鈴

田中麻理鈴，是一個鄉下女孩，進入知名日本一流企業的新鮮人。

她對工作充滿了好奇心，覺得解決各種工作問題，基本上就是一種非常有趣的事，她很難相信居然會有女性想趕快結婚，以便不用再來上班。我認為田中麻理鈴沒有誇張，我真心相信凡事都有解決的可能性。

我推薦田中麻理鈴的一個原因是，她是職場的新世代，但她向舊世代學習的態度，造就了她創新的能力。因為普遍的新世代都看不慣舊世代，但若只是一味地不想重複上一代的價值觀，其實也會變成另外一個世代的偏頗。持與前代相反的價值觀，年輕世代可能會誤以為自己很獨特，其實是非常地普通，因為所有和你同一世代的人，都是這麼想的。況且對抗前一世代是很可笑的，因為你競爭的是同世代的人，並不是上一世代。比較理智和聰明的做法是，尊重舊有的價值觀，因為這些人可能掌握你的工作資源和未來，唯有虛心理解誠心接納前人智慧，理解後，才能從事創新與改造。正因為你要創造，才更需要深入同理和了解。我認為田中麻理鈴在職場上做了很好的示範。劇中也藉田中麻理鈴的角色，帶出近年來日本職場變化的客觀調查報告。

劇名《惡女——誰說工作不帥氣》（《悪女～働くのがカッコ悪いなんて誰が言った?～》），由今田美櫻飾演女主角田中麻理鈴，此劇為日本電視臺時隔三十年重新翻拍，由深見惇漫畫改編的連續劇。

2. 麥克斯醫師（Dr. Max Goodwin）

麥克斯醫師，是紐約一所公立醫院的院長。

他的口頭禪是「我能幫你什麼？」麥克斯每天都忙於蒐集要解決的問題。不同於一般的醫療劇，劇情著重醫病關係。麥克斯院長的責任更大，因為編劇把美國所有從社會經濟到政治等各種可能的問題，都縮影到這間紐約醫院來，讓麥克斯解決。麥克斯院長每一集，都在解決一般人認為不可能解決的問題，無論是問題的形式和解決的方法，都超乎想像，但全關乎基本人性。

麥克斯每天都在面對體制，利用體制，用智慧與體制互惠，但不犧牲基本良善，也不是傻傻地或悲憤地對抗體制，而是了解體制以解決體制外的問題，幫助沒有籌碼的人。老實說我一開始看，是因為麥克斯很帥，但看到後來，我只看到他的行為很帥。層級越高，越熟悉體制，不應該怕失去權力而為體制所用。我認為麥克斯院長呈現了一個高位工作者應該配有的心態高度，是聰明與善良（和帥）結合的模範。

劇名《紐約新醫革命》（*New Amsterdam*），男演員萊恩．艾格爾德（Ryan Eggold）有著深情的雙眼，飾演院長麥克斯．古德溫醫師。是NBC電視臺製作的電視劇。

3. 小鳥智志

小鳥智志四十八歲，是從日本銀行高位辭職的大叔。這齣戲的主軸是年輕的創業者，小鳥智志在這齣戲中是亮眼的配角而不是主角。他為了年輕時教書的夢想，毅然辭職加入發展教育的新創事業，劇中描述兩個新舊世代的工作者如何互相融合的過程。我認為小鳥智志表現出高年級生，在職場重新學習的優雅典範，這樣的人反而非常具有魅力。他將自己年長的優勢，變成年輕世代的助力，並且虛心向年輕人學習，這需要相當的自信，可以做為想要進入新學習領域的資深工作者參考。無論我們已經工作了多少年，都可以進行新的探索。**練習當一個優雅求知的大人，絕對比凡事都自以為有答案的大人，會來得受人歡迎。**

劇名《騎上獨角獸》（ユニコーンに乗って），日本TBS電視臺播出的連續劇。西島秀俊飾演小鳥智志，我想不出有誰比西島秀俊更適合當優雅魅力的大人代表。

以上，無論是我的故事或劇中的故事，這些都是幫助你——開始你自己的拼圖故事。

結語——

沒有愛的工作，只是職業

我所書寫的個人工作經驗，是為了讓講述的原則能夠更好想像和理解。這是當時發生在我工作上的人事物，並非這些企業目前的狀態。企業是營利組織，物換星移起潮落，是自然現象。我非常感謝在不同時間點、不同文化、不同的人與我在工作中的交會，讓我的生命如此豐富。我也在每一個交會點，毫無保留地貢獻出我當時所有的心力。在我長久的工作中，記得和感動的永遠是人，而不是物。

在個人經驗中，我寫了很多真實發生的笑點，其實我本人的笑點，從來沒間斷過，我希望你能感受到，如果連這樣很不厲害的我都可以做到，你應該也可以。在淚水汗水齊發的狀況下，還是可以笑聲不斷地探索，辛苦但同時也會充滿歡樂，產生化學變化的快樂，會有真實持久的滿足。

從工作的起點，一邊念日文一邊教英文的我，看著一個個可愛稚嫩的臉龐，我並不知道下一站會去日本企業探勘石油。而當我站在大海中壯闊的油氣探勘平臺上，我也沒有想過下一個工作會是經營法式高級訂製服事業。當我在日本、臺灣企業工作時，也沒料到往後會在歐美企業工作。

我唯一持續做的事，是竭盡一切發展自己的「黃金」三角形組合。我努力在宇宙中，把自己的能量發揮到極致，希望能夠產生屬於自己的蝴蝶效應。（「蝴蝶效應」：表面上看來毫無關係、非常微小的事情，卻有可能帶來巨大的改變。）因極致探索所產生的機遇，帶我到各種無法想像的境地，我實際上經歷的世界，遠遠大於書中所描述的。

工作是商業活動，勢必與群體連結，你想要有出其不意的好運，得先出其不意地開始解決第一個問題，改變自己無趣的頻率，當這些頻率與群體交會時，會交織成你未來的工作命運，這是我的親身經歷。

這樣人生無法規劃，我唯一能規劃的是，如何使用全力。因為造物主的計畫，不在我想像之內，我也只是祂的一片拼圖，但我希望是重要的拼圖。

在流行預測中，預測未來流行之所以可行，是因為流行是一種商品，可以被安排依計畫製造。**但關於預測，人類從來沒真正預見未來，預見及遇見的，其實是自己的欲望，是自己「想要的」未來，因此往往陷入自己製造的矛盾和災難。**當AI不斷進階模擬人類，每每往前發展一大步，就造成更多人類的恐慌，擔心工作不保。而社會上普遍用來衡量工作成功的指標，莫不以各種可量化的方式來定義。但舉凡任何可計量的事物，都是AI的專長。**我們把AI訓練得像人，卻把人訓練成AI，還遠遠不及，因為AI是集眾人類的智能，你只有一人，即使是人生勝利組也差AI很多。**

你自己到底是智人，還是智能呢?當你追逐著各種可計量的工作成就和金錢，放棄了無法計量的心智自由，注定陷入作繭自縛的恐懼。因為那些被你視為，沒有交換貨幣價值而遠遠拋棄的，才是AI智能無法達到的境界，才是智人。你放棄當AI無法取代的智人，執意用有限的智能與AI競爭，並擔心害怕著未來?!

事實上那些無可計量的，才會越用越多，而可計量的會越用越少，永遠不夠。那些不夠不僅讓人拿自己的人生來換，還把未來子孫的人生都拿去抵押，只為求得心中欲望的未來，成為無可救藥的賭徒。人類在追求進步的同時，如果不知道「進步的目的」為何，而把「進步當成目的」，最後就會賠上自己和全部的地球。

世界矚目的歷史學家哈拉瑞在其著作《人類大歷史》中，強調人類與其他地球上的動物不一樣的地方，是人類有「相信」的能力。人類的相信，不會被眼睛所見所限制，這樣的相信，讓人類成為地球的主宰，建立了別的物種所沒有的文化。

因此當你受限於眼前所看到的道路和自己的欲望時，也許你忘了你是一個人類，你擁有夢想的超能力。當你相信自己是獨特的存在，而展開自我探索的旅程，從旅程的第一天，你就已經開始擁有獨特而自由的心智，就已經超過ＡＩ與其他物種，你其實是地球上最自由聰慧的物種，請你開始當智人，開始相信自己。

真正的自由，不是指工作型態，幾點起床都可以，或再也不用工作。真正的自由是，每天早上起來，有足夠的能力，支撐你所能想到的任何更大的夢想和意義。工作最後的目標，就是為了獲得這樣的自由，有能力守護自己相信的事，不在乎要換多少貨幣的自由。如果我明天想到更大的探索計畫，我能毫不猶豫馬上去做，因為我所擁有的，別人早就拿不走，與金錢與職稱無關。因為我所擁有的，是自由的心智和能力。

以我對趨勢的理解，未來的趨勢永遠決定於現在此刻，你我當下決定的每一個意念，都會影響我們未來的世界，這就是趨勢，也是世界的運作。我在這本書中，把抽象的價值具體描寫成一個學校的概念與快樂遊戲的方法，是希望工作脫離傳統計量，成為大家有趣的追求，設立對自己有意義的工作目標。當大家都快樂而有意義地工作著，這樣的世界一定會更趨美好，我希望將來，我的孩子和你的孩子都在這樣的環境中生活著。

因著這樣的相信，在無數個熬夜中，我盡心盡力地寫這本書，希望因為任何機緣而拿起這本書閱讀的你，揮舞起可以撼動世界的蝴蝶翅膀，我相信，你是那美好的改變的力量。

有一首我女兒小時候常背誦的詩，叫〈鞦韆〉（The Swing），我非常喜愛，是由蘇格蘭作家史蒂文森（Robert Loius Stevenson）所寫：

你喜愛盪高高，在藍藍的天空嗎？
喔，我認為那是最開心的事，小孩都辨得到！
盪到天空……超過圍牆……一直到我可以看到更寬廣的地方——
看到河水，樹木，牛群和全部的鄉間——
盪下來時，我看到花園中的清翠草綠，和濃濃的咖啡色屋頂——
然後我又要再飛一次了，
再盪上去，和盪下來！

對我而言，工作就是一個鞦韆。我努力地探索，就像鞦韆把自己盪出去，讓我看到好多的世界，與好多的人事物交會，盪下來時我又看到好多，自己新長出的能力，於是我又把自己再拋出去，再去探索。

能夠讓鞦韆一次次盪出去的動力，是愛。

一份對自己的愛，對他人的愛，對社會的愛，對世界宇宙的愛。沒有愛的工作，就只是一個職業，不算工作。《聖經》中說愛是長久忍耐，恩慈，不嫉妒，不張狂，不做害羞的事，不輕易發怒，不計算人的惡，不喜歡不義，只喜歡真理——這是愛，也是工作的方式！

　　願你在工作中，用愛探索，變得更善良勇敢，守護所有美好的相信，讓未來充滿希望。這就是工作的目的，謝謝你來到地球。

Be brave and go with a swing!

勇敢地把自己盪出去吧！

The Swing

How do you like to go up in a swing,
Up in the air so blue?
Oh, I do think it the pleasantest thing
Ever a child can do!

Up in the air and over the wall,
Till I can see so wide,
River and trees and cattle and all
Over the countryside —

Till I look down on the garden green,
Down on the roof so brown —
Up in the air I go flying again,
Up in the air and down!

By Scottish writer
Robert Louis Stevenson (1850-1894)

各界推薦

研究所剛畢業的時候在日本找工作，我永遠記得在一個知名外商的求職說明會中，來自法國的總經理對著現場戰戰兢兢、穿著套裝的新鮮人說：「No one is perfect, but you have to keep learning and growing.」最終我沒有進到那家外商工作，但把這段話帶到了我的職業生涯裡面，每當犯錯或是遇到困難的時候，就會想起這段話。對我來說，工作不僅僅是領薪水的途徑，能帶來幸福感的是透過工作尋找了「意義」，有了這份定義之後，才能找到心態上的自由，推薦這本書給還在職涯摸索的人。

——**翁琬柔**（文字工作者）

很喜歡納瓦爾說的一句話：「退休就是不為想像的明天犧牲今天。」工作本質也是生活的一部分，生活是工作，工作也是生活。如果能夠找到自己喜歡的工作固然是幸福，但是如果還在尋找喜歡工作的路上，那就試著用喜歡的方式，或者是喜歡的心態來面對每天大小事，來成就每天的工作。喜歡 Emily 所說的：「真正的自由，不是工作型態的自由，而是工作心態的自由。」您說自由就自由，自由因您而生。誠摯推薦 Emily 的《越工作越自由》，期待您從今天開始愛上工作，享受自由。

——郝旭烈（大亞創投執行合夥人）

我們總會看到新聞上有各種夢幻職業，但這些夢幻職業可能每幾年就變一次，而這時你或許會想：那我現在選了職業，之後會不會失業？

所以，這本書出現了。

透過了解自我與職涯，找到天賦與設定，避開各種誤區，專注於探索體驗，你會發現找到自己的拼圖與道路後，人生竟如此不同。

邀請你放下被框架的職業，讓你越工作，越自由！

——**張忘形**（溝通表達培訓師）

不論畢業選擇職場，或走在人生路上，我們始終在面對生命的扣問：我是誰？我要去哪裡？我該以什麼方式到達？Emily 的特殊經歷源於她對自我不斷探索與追尋的勇氣，也因這份勇氣踏出了舒適圈，並親手打造了專屬自己的「自由圈」。努力是為了追尋真正「終極自由」，也就是能做出各種選擇，有思路、有底氣、不受限的自由，這本書除了揭示勇氣，還道出了如何達成終極自由的解方。

——**陳怡嘉**（高中教師、作家）

相當認同作者的理念：「職業必須具有個人的生命意義，不是一個崇高的理想，而是一種基本的必須。」我們每一個人，都是自己人生的馬拉松跑者，與生俱來都有不同的天賦和使命，有各自的旅程。不該隨波逐流去搶奪熱門工作職缺，進入無意義的百米賽跑只為贏得第一。要在職涯發展上充分掌握到自己生命的意義，這才是獲得身心靈同時豐盛與圓滿之路。

——**愛瑞克**（《內在原力》系列作者、TMBA共同創辦人）

推薦序——

你的高度，是你自己的決定

——**李惠貞**（獨角獸計劃發起人、《成為自由人》作者）

我與 Emily 的結識源於《「最美五套」質感人生穿搭》，當時讀了書，很喜歡，於是在「獨角獸計劃」粉專介紹，因此幸運地從讀者變成朋友。Emily 回台時，兩人第一次見面便一見如故，我沒想過在這麼短時間內就能和一個人成為摯友。

我想是因為在各方面我們都很談得來的緣故，她的價值觀、性格、對工作的看法，以及偶爾（其實是經常）脫線迷糊的一面，都與我非常相似。當時聽她談工作經歷，「石油探勘」這幾個字大概經過好幾秒才在我腦袋成形，完全無法想像那是什麼工作（我連有這種工作選項都不知道）。不一會兒，我的編輯腦開始運作，很唐突地給了意見，建議她下一本書談工作，我非常確信這本書會幫助到許多人。

Emily 果然是行動派，不到一年，她就交出了全部書稿，令我驚喜。讀完全書我一方面驚奇一方面汗顏，驚奇來自於好像在讀自己寫的書，我很常使用的「探索」二字也頻頻在本書裡出現，Emily 甚至發明了「探索值」這樣的詞彙。她說：「我的工作目的，是要登陸月球。……我希望在工作上，我能踩著只有自己才有的印記，證明自己曾經來過這個世界的足跡。」此種氣魄令我肅然起敬。

然而汗顏的部分也在於此，之前說我們兩人很像，根本是往自己臉上貼金，事實上在各方面程度上我都遠遠不及 Emily。如果說《成為自由人》描述的是一個生命開闊、自由的可能性，Emily 就是我所認識在這件事情上做到最極致的人。

這位開朗、強韌的女性最令我欣賞的一點，是她從每座令人欽羨的頂峰翩然離去的身影。她從不戀棧任何名聲、金錢、職稱、成就。如她自己所言，她在乎的是「探索值」，如果一份工作最困難的部分已經完成，接下來就是守成，那麼就是該離開的時候。因為，她想要的是更大的東西，使她的潛能更加地被導引出來的機會，她想看到的，是更不可思議的風景。她看待自己生命的高度，是登月等級。

我完全同意，那才是工作的意義。如果僅僅把工作視為賺錢餬口飯吃、「不得已」的行為，那是太小看了工作，也太小看了自己。「害怕探索，是人生最大的損失。」當你全力以赴、追求生命最大的可能性，金錢是繼之而來的結果（但此時你也會發現，你得到比金錢更好的回饋），相反地，金錢並不能帶來任何與快樂幸福有關的保證。

「我希望你心中，現在開始建立起一個新的工作識別系統，用『探索值』來考量工作的意義。因為，這樣的工作才會累積你渾厚的生命力和自我認知。只要開始探索，每一個人的內在都是浩瀚宇宙。」

Emily 在本書中詳述了她如何從石油探勘的工作進入高級時尚產業，再成為現在個人簡介上的「流行預測師」——這也是最多讀者好奇的部分。讀她的每段經歷都令我讚嘆、驚訝不已，同時又深深認同，那種對工作、對自我的看待，也是我心目中一位「好的工作者」（我稱為主動型工作者）的最佳示範。還不只這些，她的工作經歷從高中畢業、尚未進大學報到就已經開始了，二十歲出頭已擁有創業家、經營者的實力，這些全是她以一己之力逐步證明得來的，沒有一分僥倖。最重要的是，她非常快樂。

我想，我希望年輕人、上班族、老闆——其實就是所有人——都來讀她的書，最重要的原因就是因為「快樂」。每每在演講中宣揚快樂工作的道理，總覺得缺乏與我們更接近的範例，Emily 的新書出版，成了我的最佳例證。跟 Emily 一樣，我的終極願望，是希望更多人能活得自由、快樂，盡可能綻放。更多人活得快樂、積極，能減少許多社會問題。我們的孩子會活在更安全的世界。

但在這條路上，我們必須先改變對「工作」的看法。工作占每個人一生極長時間，如果在這麼長的時間內，它都是一件心不甘情不願的事，可以想見痛苦指數有多高。對 Emily 和我這樣的人來說，工作的目的並不是事少離家近、越輕鬆越好，工作其實就是自我表達，是「我是誰」的宣示。因此，我們在意的並不是外界定義的那些，而是「我」這個生命真實的體驗。它能不能使我更有活著的感覺，能不能讓我每天懷抱著興奮之情起床，去見識世界，去挑戰自己還不知道的潛能，這些，才是我們工作的原因。

因此，Emily 在書中也詳加說明了一般人對工作的三種錯誤認知：完美、興趣、金錢。我相信讀者們讀了之後一定會得到新視角，忽然感受到一種開闊。除此之外，Emily 也提供黃金三角形模型及拼圖大學等概念，清楚地展示了通往工作（Work，而非

Job）的路標。

原本只預期讀到 Emily 的生命故事及工作經歷，沒想到她給的更多。這本書既有故事，也非常實用。就像上一本暢銷書《最美五套》一樣，既有心法也有實作方法，讓人從觀念到行動都有清楚的指引。

讀完全書，心裡冒出的第一個念頭是：這本書怎麼這麼晚才出版？應該要更早出的！Emily 的人生經驗太有說服力了，真希望能更早推薦給國內讀者。她既是一位奇女子，又如此腳踏實地，並且有清晰的頭腦（雖然跟我一樣會迷路且常跌倒），我們從任何角度看，都不能輕易地給自己藉口說那是因為她得天獨厚。她展示的道路明晰且令人嚮往，那不僅是工作者的姿態，也是生命的姿態。

「完美，是無聊的人生劇本，那些曲曲折折，才是精彩的人生。」

Emily 在書中引述聶魯達的詩〈孩子的腳〉，我覺得非常美——「孩子的腳／尚不知道／自己是一隻腳／它想要成為一隻蝴蝶或蘋果……」

「還沒有工作之前，我也不太知道我是誰。因為工作才慢慢知道，原來我是這樣的能力組成，就像那隻腳，慢慢知道自己原來是腳，可以穿過沙漠，可以穿過冰原，可以去任何自己想去的地方。」

祝福每位讀者，活出你全部的潛能，前往任何想去的地方。

謝謝 Emily 帶給我們的禮物。

國家圖書館出版品預行編目 (CIP) 資料

越工作越自由：最大的探索，最豐盛的人生 /Emily Liu 著. -- 二版. -- 臺北市：遠流出版事業股份有限公司，2023.11
面；　公分

ISBN 978-626-361-326-3(平裝)

1.CST: 自我實現 2.CST: 生活指導 3.CST: 成功法

177.2　　112016450

越工作越自由

最大的探索，最豐盛的人生（全新探索版）

作　　者｜Emily Liu
總 編 輯｜盧春旭
執行編輯｜黃婉華
行銷企劃｜鍾湘晴
封面設計｜張巖
內頁設計｜連紫吟、曹任華

發 行 人｜王榮文
出版發行｜遠流出版事業股份有限公司
地　　址｜台北市中山北路 1 段 11 號 13 樓
客服電話｜ 02-2571-0297
傳　　真｜ 02-2571-0197
郵　　撥｜ 0189456-1
著作權顧問｜蕭雄淋律師
ISBN ｜ 978-626-361-326-3

2023 年 7 月 1 日初版一刷
2023 年 11 月 1 日二版一刷
2024 年 7 月 29 日二版二刷
定　　價｜新台幣 390 元
（如有缺頁或破損，請寄回更換）

遠流博識網
http://www.ylib.com
Email: ylib@ylib.com